Erich Pulkowski

Am 10. Dezember in Kiernozia: Kopfschuss

Erich Pulkowski

Am 10. Dezember in Kiernozia: Kopfschuss

Tagebucheintragungen, Briefe und Berichte aus dem Ostfeldzug 1914

Herausgegeben von Horst und Ursel Pulkowski

Books on Demand Norderstedt

Bibliografische Information der Deutschen Nationalbibliothek:
Die Deutsche Nationalbibliothek verzeichnet diese Publikation
in der Deutschen Nationalbibliografie; detaillierte bibliografische
Daten sind im Internet über hattp://dnb.dnb.de abrufbar.

© 2019 Horst Pulkowski
Herstellung und Verlag
BoD – Books on Demand, Norderstedt

ISBN: 978-3749407408

Erich Pulkowski

Inhalt

---

[1]   Die Zeiträume der Aufzeichnungen von zweiter und dritter Kladde überschneiden sich.
[2]   Die Titel der Berichte stammen vom Herausgeber.

Erich Pulkowski

Am 10. Dezember in Kiernozia: Kopfschuss

Tagebucheintragungen, Briefe und Berichte aus dem Ostfeldzug (August bis Dezember 1914)

Vorwort

Von Großvater Erich Pulkowski (1.7.1878 – 28.12.1963) sind drei Kladden überliefert, in die er seine Erlebnisse während seines Einsatzes als Hauptmann und Batteriechef der Artillerie im Ostfeldzug des Ersten Weltkriegs notiert. Die Einträge umfassen den Zeitraum von der Erklärung des Kriegszustands am 31. Juli 1914 bis zu seiner Verwundung durch Kopfschuss am 10. Dezember im selben Jahr. Eingebettet in die Tagebucheintragungen sind Briefe an seine Frau Auguste in Köln, seine Mutter Anna in Dessau und von Kameraden angeforderte Berichte.

Die aus den Kladden per Durchschlag kopierten Briefe an seine Frau sind sorgfältig ausformuliert und waren nicht zuletzt dazu gedacht, in der Kölnischen Zeitung veröffentlicht zu werden. Einer dieser Zeitungsartikel „Auf einem Kirchturm im Osten" – er liegt der ersten Kladde bei – schildert ein Ereignis aus der Schlacht an der Weichsel im Herbst 1914. Erich hatte seinen Beobachtungsposten auf einem Kirchturm in Stara Iwiczna[3] eingerichtet und geriet unter feindliches Feuer. Anmerkungen zu aufgenommenen Filmsequenzen und Fotos lassen darauf schließen, dass er vielleicht an eine spätere Veröffentlichung der Kriegsereignisse gedacht hat.

Die erste Kladde hält Tag für Tag die Ereignisse im Zeitraum vom 3.8. bis 25.9.1914 fest. Die einzelnen Geschehnisse werden sehr ausführlich mitgeteilt, die Grenzen zwischen Bericht und Brief sind fließend. Eingeschoben sind Skizzen über die Einrichtung eines Biwaks und die Aufstellung eines Geschützes. Sie dienen als Gedächtnisstütze, um später beurteilen zu können, ob die getroffenen Entscheidungen zum Erfolg führten.

---

[3]   Iwiczna Stara: südl. Warschau.

Die zweite wesentlich dünnere Kladde umfasst den Zeitraum von 27.9. bis 18.11.1914. Den Aufzeichnungen gehen Spottverse auf den russischen Gegner voraus. In diesem Heft wird sehr viel deutlicher zwischen Notizen und Briefen unterschieden. Erstere sind wegen der vielen Abkürzungen und flüchtigen Aufzeichnungen nur schwer zu entziffern. Es ergeben sich zeitliche Überschneidungen zwischen den Tagebucheinträgen und den ausführlicheren Schilderungen in Briefform.

Die dritte Kladde enthält nur Briefe an seine Frau. Hier werden die Ereignisse in der Zeit vom 1.11. bis 4.12.1914 festgehalten. Erich hat das Nebeneinander von Tagebuchnotizen und Briefen nicht mehr überzeugt und deshalb für Letztere ein eigenes Heft angelegt. An dessen Ende zieht er ein Resümee über die Leistung seiner Batterie und reflektiert die Schwierigkeiten, denen Leutnant der Reserve Heidemann ausgesetzt ist, dessen zivile Haltung so gar nicht zum Habitus eines Soldaten passt. Diese letzten Eintragungen sind wohl nach seiner Verwundung während des Lazarettaufenthalts erfolgt.

Separat zu den drei Kladden führt Erich eine Chronologie der Gefechte, an denen er teilgenommen hat. Sie reicht vom 17.8. bis 10.12.1914. Die tabellarische Anordnung der Ereignisse wird allerdings nicht durchgehalten. Auch in sie fließen längere Berichte zu einzelnen Begebenheiten ein. Die zeitliche Folge der letzten Eintragungen ist gestört. Es ist davon auszugehen, dass die Ereignisse im Dezember 1914 nach seiner Verwundung bei Kiernozia[4] aus dem Gedächtnis nachgetragen wurden.

Die von Kriegskameraden angefertigten Berichte sowie der in der Kölnischen Zeitung abgedruckte Artikel der Geschehnisse bei Iwiczna Stara sind im Anschluss an die Kladdeneinträge angeführt.

Erich Pulkowski gehörte der 1. schweren westpreußischen Fußartillerie, 1. Bataillon, 11. Regiment der 35. Division an. Sie war Teil des XVII. Armeekorps unter General v. Mackensen und gehörte zur 8. Armee, die Paul v. Hindenburg befehligte. Ab November 1914 war das XVII. Armeekorps unter Generalleutnant v. Pannewitz Teil der 9. Armee unter Führung von General v. Mackensen.[5]

Drei thematische Schwerpunkte beherrschen die Aufzeichnungen:

Die Schilderungen der Quartiere, deren Gastgeber und der Verpflegung nehmen breiten Raum ein. Erich ist kein Kostverächter und weiß eine gute Mahlzeit durchaus zu schätzen.

---

4   Kiernozia: Gemeinde im Verwaltungsbezirk Lodz.
5   „Die Schwere Artillerie gliederte sich (…) in Bataillone zu vier Batterien mit je vier 15-cm-Feldhaubitzen und in Bataillone zu zwei Batterien mit je drei 21-cm-Mörsern. Sie wurde dem Armeekorps unterstellt und war damit fest im Feldheer verankert." Publikation der Artillerieschule Idar-Oberstein. München 1958, S. 15.

Immer wieder ist von den Beschwerlichkeiten der Märsche die Rede. Weite Strecken müssen zurückgelegt werden und oft wissen die Truppen nicht, welche strategisch oder taktische Ziele hinter den Marschbefehlen stecken.[6] Im verregneten Herbst 1914 sind die Wege in Polen und Russland zudem uferlos, die schweren Geschützgespanne bleiben immer wieder im Matsch stecken.

Erichs besonderes Interesse gilt jedoch seiner artilleristischen Tätigkeit. Seine Darstellungen könnten oft einem Leitfaden der Artillerie entnommen sein. Was in welcher Situation unternommen wurde, um zum Erfolg zu kommen, wird detailliert geschildert.[7] Auf leeren Seiten seiner Gefechtschronologie notiert er zudem in tabellarischer Form, welche Handgriffe von Geschützführer und den Kanonieren zu erledigen sind, um ein Geschütz gefechts- bzw. marschbereit zu machen – Notizen, die später in sein „Handbuch für Kanoniere" fließen sollten.

Es ist sein Bestreben, mit seiner Batterie eine hohe Zielgenauigkeit zu erreichen. Er weiß die Flugbahn der Geschosse nicht nur anhand von Beobachtung, sondern auch nach der Karte sehr genau zu berechnen und erzielt mit seiner Batterie eine hohe Trefferquote. Diese Berechnungen fließen später als „Pulkowkisches Verfahren" in Schießtafeln ein, die u. a. die Topografie des Geländes, Witterungseinflüsse und die Besonderheiten der einzelnen Geschütze wie die Größe der Verbrennungsräume und den Abnützungsgrad der Rohre berücksichtigten. Es wurde 1918 im Westen eingesetzt. Erläuternde Literatur dazu findet sich in Auszügen am Ende des Buches.

Mitte September 1914 lassen die Russen auf der Flucht eine schwere Feldhaubitze liegen. Erichs Interesse an der Technik und Funktionsweise des feindlichen Geschützes ist groß. Dessen Beschreibung nimmt im Bericht mehrere Seiten ein.

So sehr Erich die Anerkennung der Leistung seiner Batterie von höherer Seite zu schätzen weiß, so bestürzt ist er, wenn er mit der tödlichen Wirkung seiner Geschütze in den feindlichen Reihen konfrontiert wird: „Ich empfand Ekel", notiert er am 13. September 1914, als seine Batterie in die fliehenden Kolonnen der Russen geschossen und ein Blutbad angerichtet hatte.

Die Kapitelüberschriften wurden von mir nachträglich hinzugefügt, um die einzelnen Begebenheiten der Tagebucheinträge den einzelnen Feldzügen besser

---

6   „Wir hatten keine Ahnung, was man mit uns vorhatte. Wir glaubten lediglich, defensiv hart an der Grenze liegen [zu] bleiben. Umso mehr waren wir erstaunt, als es am 12.11.14 sehr früh wieder weiter ging." 3. Kladde S. 27f.

7   „Die erste Salve lag absichtlich weit und musste noch seitlich [im] Nachhinein korrigiert werden. Nach wenigen weiteren Schüssen war ich seitlich gut u. nach der Länge noch bis etwa 100 m fern. Man sah deutlich, dass die Besatzung des Grabens sich zwar zum größten Teil geduckt, viele aber noch in voller Größe standen. Da kam die nächste Salve; noch ehe die Leute fortlaufen konnten, schlug sie mitten ein. Kurz darauf in voller Flucht die noch lebend gebliebenen Reste der Schützen." 1. Kladde S. 66f.

zuordnen zu können. Die Seitenzahlen der einzelnen Kladden werden im Text in eckigen Klammern angegeben. Von Erich wurden nur die Seiten des 2. Heftes nummeriert. Die Seitenangaben der beiden anderen sind von mir nachträglich eingefügt worden. Nicht alle der in Sütterlinschrift verfassten Eintragungen in den Kladden waren zu entziffern. Lücken werden in der Transkription durch Auslassungszeichen gekennzeichnet. Die Recherche der ostpreußischen, polnischen und russischen Ortsnamen gestaltete sich aufwändig und schwierig. Nicht alle konnten verifiziert werden, handelt es sich doch vielfach um kleine Weiler mit nur wenigen Häusern, die heute z. T. gar nicht mehr existieren. Von manchen Orten gibt es auch mehrere Schreibweisen und es ist nicht auszuschließen, dass Erich die Ortsnamen fehlerhaft mitteilt. Orthographie in Erichs Kladden, aber auch die der hinzugezogenen Quellen und Sekundärliteratur wurden der heutigen Rechtschreibnorm angepasst.

Ohne die Unterstützung von Ursel, meiner Frau, die auf diversen historischen und aktuellen Landschaftskarten und Stadtplänen den vielen von Erich angeführten Ortschaften und Marschwegen mit Akribie nachspürte und auch die Lektorierung des Manuskripts übernahm, hätte das Buch in dieser Form nicht erscheinen können.

Horst Pulkowski (Februar 2019)

Erste Kladde

3.8. – 25.9.1914

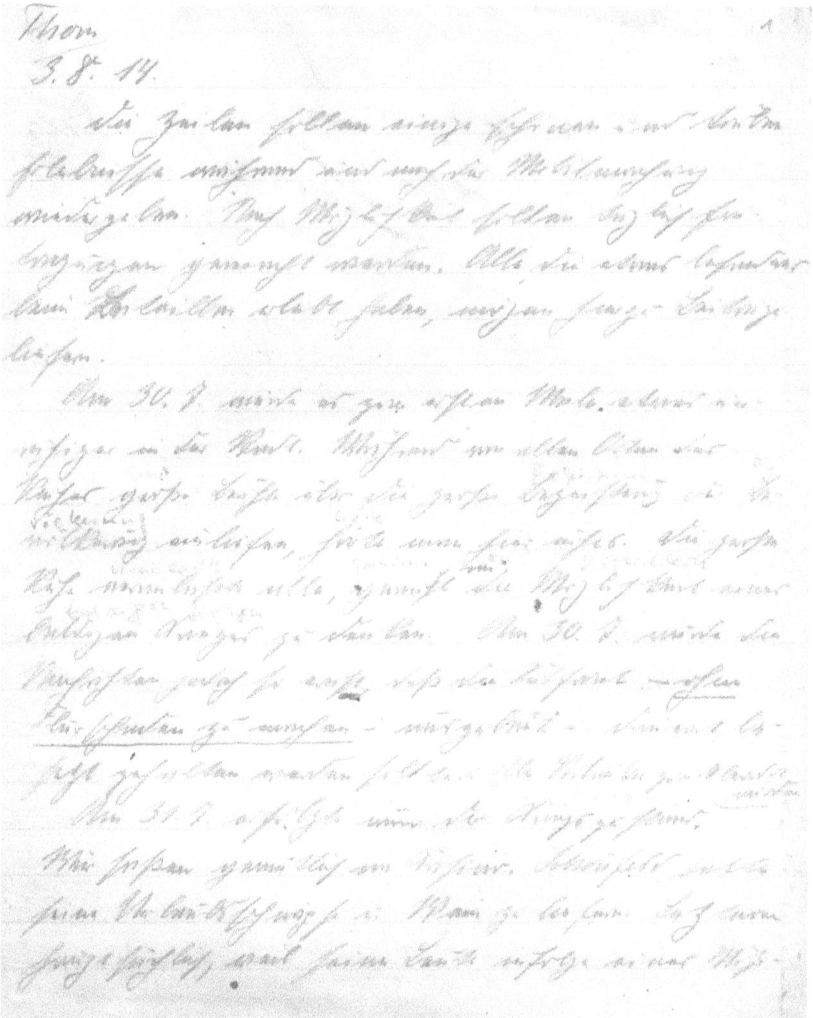

Thorn
3. 8. 14.

[handwritten text in old German cursive, largely illegible]

1. Kladde, S. 1.

Die ersten Kämpfe der 8. Armee

Meiner lieben Frau und den lieben Kameraden zum Andenken.
Pulkowski
Hptm. und Batteriechef
I. Batterie Fußartillerie. 1/11[8]

<u>Thorn 3.8.14</u>
Die Zeilen sollen einige schöne und trübe Erlebnisse anhand und nach der Mobilmachung wiedergeben. Nach Möglichkeit sollen täglich Eintragungen gemacht werden. Alle, die etwas Besonderes beim Bataillon erlebt haben, mögen hierzu Beiträge liefern.

Am 30.7. wurde es zum ersten Male etwas unruhiger in der Stadt. Während an allen Orten des Reiches große Berichte über die große Begeisterung der Bevölkerung einliefen, hörte man hier nichts. Die große Ruhe veranlasste alle, gar nicht an die Möglichkeit eines baldigen Kriegs zu denken.[9] Am 30. 7. wurden die Nachrichten jedoch so ernst, dass die Südfront – ohne hier Schaden zu nehmen – geschützt u. dann erst besetzt gehalten werden sollte u. alle Urlaube zurückbeordert wurden.

Am 31.7. erfolgte nun der Kriegszustand. Wir saßen gemütlich im Kasino. Schönfeld hatte seine Urlaubsbescheinigung ja und Wein zu liefern. Letzteres hauptsächlich, weil seine Leute infolge eines [2] Missverständnisses an unserem gemeinsamen Rittergut in Bachan (die Bataillons-Artillerie, 1. u. 2. Batterie hatten die Wiesen- u. Ackerpachtung) einen großen Teil der Kartoffeln zu früh hatte ausnehmen lassen. Nach oberflächlicher Schätzung waren auf dem Stück, welches ausgemacht war, gegen 2 Zentner Kartoffeln gelegt worden, die Ernte soll immerhin 1½ Zentner betragen haben. Immerhin sind diese 1½ Zentner wenigstens geerntet worden. Die anderen werden wohl unseren Kasernen- u. Landwehrleuten [zu] später[er] Zeit munden.

Wie gesagt, wir sprachen an dem Mittag erst von der Möglichkeit der Kriegsaussichten, aber glauben wollte doch keiner so recht daran. Gegen 1.00 Uhr ging ich nach Hause und beruhigte meine Frau, die ich in einer merklichen Erregung fand. Da ich ziemlich müde war, wurde das Essen möglichst beschleunigt u. ich hoffte doch einige Minuten Ruhe zu haben. Um halb 3, ich hatte mich bereits

---

8   Umschlag innen links.
9   28.7.1914: Kriegserklärung Österreich-Ungarns an Serbien.

hingelegt, stürmte Frl. Hedwig (unser Fräulein) herein: [3] "Herr Hauptmann! Drohende Kriegsgefahr, Festung besetzen!"

Die Aufregung war unbeschreiblich. Meine Frau glaubte an kein Wiedersehen mehr, wir nahmen gleich Abschied fürs Leben.

Bevor ich weiter die Ereignisse der ersten Tage erzähle, will ich zuerst vom gestrigen Abend berichten. Es war gegen 8.00 Uhr abends, wir saßen alle fröhlich im Kasino beim Abendessen. Budde und ich hatten uns jeder 1 Teigkotelett [paniertes Kotelett], 1 Flasche Rotwein u. 1 Glas Bier bestellt. Wir saßen aber noch nicht 5 Minuten, da kam die Nachricht „Alarm." Schnell nur noch einige Bissen verschlungen, dann fort. Auf dem Kasernenhofe und noch schlimmer auf der Straße, die dicht mit Frauen und Kindern angefüllt war, war die Aufregung entsetzlich. „Die Russen haben die Linie durchbrochen und rücken an." Ich fragte Feldwebel Preuß: „Wer hat denn eigentlich das Märchen überbracht?" „Ja", sagte er, „da war an der Wache ein Bauer aus Zlotterie[10], der sagte, die [4] Russen hätten mit starken Massen Zlotterie gestürmt u. kämen nun. Ja, u. dieser Bauer sei zum Gouvernement geschickt u. dann sei alarmiert worden." Die Geschichte schien mir nicht allzu glaublich, umso mehr konnte ich nicht fassen, wie der Bauer so schnell nach Thorn gekommen war.

Die Leute standen mit geladenen Karabinern an den Geschützen u. Fahrzeugen, Pferde wurden auch von der Kaserne der Batterieabteilung erwartet. Plötzlich draußen eine fürchterliche Aufregung, Entsetzensrufe: „Schnell Unteroffiziere u. Mannschaften mit Säbeln heraus!" „Pferdegetrappel!" „Ach die Kosaken!" „Seitengewehr pflanzt auf. Zum Schießen!" Alles recht durcheinander, es laufen schon manche aus dem Tor, um die Kosaken abzuschießen. Da entpuppt sich schließlich das Kosakenheer als unsere Pferde, die zum Bespannen der Geschütze herkommen sollten.

Nach dieser Erregung und dadurch, dass die Leute [5] bald die eigenen Pferde totgeschossen hätten, wurde alles auf einmal ruhiger. Bald kamen nun auch einige Nachrichten von draußen. Zlotterie soll von den Russen genommen sein. 2 – 3 Kompanien Russen hätten die dortige Infanteriekompanie (Hptm. Ribbentrop 3/61) bei Bielany[11] zurückgedrängt. Dann kam Hptm. Thomas von draußen und erzählte dann folgende Geschichte. Die Geschichten füge ich [im] Original später hoffentlich bei.

Gegen 10.30 Uhr wurde der Alarm aufgehoben. Die Pferde blieben geschirrt in den Ställen, die Mannschaften angezogen auf den Betten.

---

[10] Zlotterie (pol. Zlatoria): Landkreis Thorn
[11] Bielany (dt. Weißhof): Der Gutsbezirk wurde 1906 in den Stadtkreis Thorn eingegliedert.

4.8.14

Von gestern ist die dienstliche Tätigkeit der Batterie nachzuholen: Vormittags wurde weiter ausgerüstet, anderen Formationen ausgeholfen usw., nachmittags wurden aber ¾ Stunden in tiefem Boden Fahrübungen gemacht. [6] Heute kam eine größere Zahl Reservisten; die wurden eingekleidet. Dienst konnte keiner sein, da zu viel Aushilfsmannschaften und Pferde gestellt wurden.

4.8.14 abends

Heute Abend hatten Oberleutnant Schulz u. Thomas einen Schwerkranken ins Lazarett zu bringen. Das elektrische Licht versagte und daher war etwas Unruhe vorhanden. Der erste Arzt, der gerufen wurde, konnte allein nicht helfen, es sollte ein zweiter Arzt hinzugezogen werden. Also gab Schulz einem Sanitätsunteroffizier den Befehl, schleunigst den zweiten Arzt herbeizuschaffen. Der San. Unteroffizier ging im Depotschritt los, blieb dann an der Tür stehen. Auf unser Hinsehen u. Erscheinen sah nun Schulz, dass dieser tüchtige Mensch, der eiligst einen Arzt holen sollte, eifrig bemüht war, die neuen Handschuhe anzuziehen. Da die Handschuhe nun neu waren, wollte die Geschichte mit dem Anziehen der Handschuhe und [7] daher mit dem Rufen des Arztes gar nicht recht vorwärts gehen. Es ist deshalb nicht zu verwundern, dass Schulz plötzlich aus der Haut fuhr, sich daneben setzte u. dem eifrigen San. Menschen mächtig anblies. „Verzeihen, Herr Oberleutnant, uns ist aber ganz besonders eingeschärft, dass wir vor dem Verlassen des Lazaretts Handschuhe anzuziehen hätten." Für Friedenszeiten war diese Vorschrift allerdings vorhanden, dass nämlich Offiziere u. Mannschaften auf der Straße stets mit Handschuhen zu erscheinen hatten. Man sieht aber doch, was die Furcht des Herren macht und wie schnell einem unter Umständen ärztlich geholfen werden kann, wenn der San. Unteroffizier vor dem Rufen des Arztes neue Handschuhe anziehen muss.

Hierbei fällt mir gleich die andere niedliche Geschichte ein, die mir Thomas erzählte:

Nachdem am 30.7. der Befehl „Drohende Kriegsgefahr! Festung besetzen" ausgegeben war, mussten wir (1. u. 2. Batterie) sofort Munition empfangen [8] und uns zum Abmarsch bereithalten. Es ging alles sehr gut, die scharfe Munition war vollständig empfangen, Thomas bestätigte den Empfang, da sagte auf einmal der Mann der Ausgabe: „Wollen Herr Hauptmann nicht noch die Reserveschüsse empfangen?"

5.8.14

Der heutige Tag verlief wieder für uns, bsd. mich, sehr ruhig. Die Reservemann-schaften kamen allerdings in großen Strömen, ebenso die Pferde. Nachrichten von draußen fehlen fast gänzlich, die wenigen, die kommen, scheinen gelogen zu sein.

Heute Morgen beim Kaffee (7.45 Uhr) wurde zunächst erzählt, es sei eine amtliche Nachricht da, dass England den Krieg erklärt habe.[12] Th[omas] u. ich wollten aber lieber persönlich die Nachricht gelesen haben. Wir begaben uns des-halb zur Thorner Presse, um es schwarz auf weiß zu haben. Und [9] siehe da, man sah nichts. Ich begab mich deshalb ins Lokal, um Herrn Drombowski persönlich zu sprechen. Es erschien der Geschäftsführer und sagte nur, die Nachricht sei zwar gestern gekommen, aber wieder entfernt worden. Auf die Frage weshalb?, sagte er, dies dürfe er nicht sagen. Kurz darauf kam jemand zur Kaserne u. sagte, der Verlagsmann sei wieder da. Tatsächlich blieb es auch so. Gleichzeitig behaup-tete heute der >Tag<[13], dass der große Sieg unserer Flotte über die russische Ma-rine eine Erfindung sei. (Es sollten 7 Kreuzer in den Grund gelegt sein u. eines von unserer Marine besetzt sein.) Die Nachrichten waren deshalb heute nicht be-sonders angenehm. Man rechnet damit, dass Russland heute ihre befehligten Li-nien mobil macht u. dann vorstoßen wird.

Als ferner schlimme bzw. andere geschehene Nachricht [10] erhielt ich heute, dass meine Frau nach Köln gefahren.[!] Es mag die Sorge um die Mutter sein, aber sehr, sehr unvernünftig war es doch. Hier ist vollständige Ruhe, wie mag es dort sein u. erst werden. Täglich Einquartierung u. Spuk[?], täglich Rekru-tierung von Reservisten. In Dessau[14] hätte man den Krieg nicht gemerkt, aller-dings den großen Zeitverzug nicht mitgerechnet. Sorge ist nicht angenehm, aber sie schreckt uns nicht. Nur wer Schlechtes im Leben durchmacht, wird schließlich zufrieden sein.

6.8.14

Den Brief von Ilse[15] u. meine Antwort füge ich ohne Erläuterungen bei. Ferner sind einige Beiträge geliefert worden, die auch im Original auf den umstehenden Seiten stehen.[16] Heute kommen Mannschaften und Pferde. Man staunt, wie pünktlich alles eintrifft, für Unterkunft [11] u. Verpflegung gesorgt ist. Wir alle sind der Überzeugung, dass die Mobilmachung ganz vorzüglich vorbereitet ist. Trotzdem wir wissen, dass England auch den Krieg erklärt hat, fürchten wir uns

---

[12] Die Kriegserklärung Englands an Deutschland fand am 4. August 1914 statt.
[13] Illustrierte Berliner Tageszeitung, August-Scherl-Verlag.
[14] Dessau ist der Wohnort von Erichs Mutter.
[15] Mieter eines den Eheleuten Pulkowski gehörenden Hauses in Köln.
[16] Die drei kurzen Texte sind zum Teil verderbt, nicht zu entziffern und werden nicht mitge-teilt.

eigentlich nicht, wir haben eigentlich nichts anderes von diesem Krämervolk erwartet.

12.8. Mittwoch.

Von der Nacht im Biwak muss ich noch kurz berichten. Um Zeit zu sparen, hatten wir auch das Offizierszelt niedrig machen lassen. Wir lagen sehr gut u. warm; bloß hatte Dieweck sofort ein Sägewerk angelegt, das die ganze Nacht u. selbst noch, nachdem wir aufgestanden waren, bis gegen ½10 Uhr früh ununterbrochen in Tätigkeit blieb.

Das Biwak hatten wir anders, als sonst vorgesehen ist, aufgeschlagen.

[12] Mittags. Soeben haben wir dienstlich erfahren, dass bei Belfort die Hauptkaserne der Festung u. 1 A. K. [Armeekorps] geschlagen sei.[17]

[Film I]
Bild 4. Stolz der Lehrer Dierks bei Besitzer Schreiber in Gulbien.[18]
Bild 5, 6. Hof bei Besitzer Schreiber im Gespräch mit Leutnant der Reserve Sonnenstuhl.[19]

---

[17] Am 10. August wurden eineinhalb französische Armeekorps westlich von Mülhausen im Raum Belfort zurückgeworfen.
[18] Gulbien (pol. Gulp): Kreis Rosenberg, Westpreußen.
[19] Filmaufnahmen und Fotografien sind nicht überliefert.

Es ist so viel Zeit hier, dass ich noch einiges von den Tagen vorher erzählen kann: Am Tage vor dem Abrücken (am Sonntag 9.8.) gab ich kurz die [13] nötigsten Kriegsartikel, einiges über das Briefeschreiben (nichts von den Truppenbewegungen etc. schreiben) u. den Aufruf von S. M. [Seiner Majestät] bekannt. Danach hielt ich die folgende Ansprache an die Batterie:

„Kameraden! Ihr wisst, dass unser Kaiser in der Hauptsache sein ganzes Lebenswerk mit der Kriegsbereitschaft der Armee u. den Aufbau der Flotte gestiftet hat. Trotzdem Frankreich, Russland u. sogar England (Letzteres war kurz vorher bekannt geworden) uns den Krieg erklärt haben, glaube ich doch u. ihr alle seid sicherlich der gleichen Meinung, dass Deutschland mit einer sichtbaren Ruhe an die Sache herangeht, denn jeder ist der festen Überzeugung, dass wir siegen werden. Wir wollen unserm obersten Kriegsherren dafür dankbar sein, dass er mit seiner Energie für die ausgezeichnete Kriegsbereitschaft unseres Heeres u. unserer Flotte gesorgt hat. Wir wollen unsere Dankbarkeit u. unsere Treue von neuem unserem Kaiser durch den Ruf geloben: >S. M. unserem allergnädigsten Kaiser ein kräftiges: ‚Hurrah, Hurrah, Hurrah'<" [14] Alle stimmten mit Begeisterung ein, man sah, [dass] ein jeder mit Lust u. Liebe gekommen war u. sein Bestes geben wollte.

Als wir anspannten, um zum Verladen auf dem Bahnhof Thorn-Mocker[20] zu rückten, kamen 8 Pferde ohne Geschirr, Woilach[21], ohne Fahrer lediglich mit einem dürftigen Zaum bekleidet. Ich fuhr aus der Haut, setzte mich daneben u. fing furchtbar zu schimpfen an, Letzteres mit Unteroffizier Folger. Dieser nahm alles still hin, kein Wort der Entschuldigung. Auf dem Bahnhof holte ich mir Folger noch einmal heran u. fragte ihn, wie dieses nun eigentlich gekommen wäre, er hätte mir doch gestern gesagt, dass er für 2 überzählige Zugpferde zweimal Geschirre hätte. Da sagte er mir nun, dass ihm in der Nacht noch 6 Pferde zugelaufen wären, die er daher auch mitgenommen hätte. Die 8 Reservepferde seien bereits beim Futterwagen (sonst nur 4 Pferde), Packwagen (sonst 2 Pferde), Lebensmittelwagen (2-sp[ännig]), Feldküche (2-sp[ännig]) [15] vorgespannt gewesen. Selbstverständlich habe ich alles Gesagte zurückgenommen. Obwohl mir das Zulaufen der Pferde nicht ohne gründliche Nachhilfe wahrscheinlich schien, konnte ich doch nichts Anderes dabei finden, es ist eben Krieg u. dabei kommen in erster Linie diejenigen Truppen heran, die zuerst an den Feind kommen. In der Festung lassen sich Lücken immer noch ausfüllen.

Vom 30.7. ist noch Folgendes nachzutragen: Wie schon erwähnt, wurde am 30.7. befohlen, dass die Südfront der Festung zu besetzen sei. Das Bataillon schien die Kriegsgefahr auch zu merken u. gab den ersten kriegsmäßigen Bataillonsbefehl heraus, der eben folgendermaßen lautete:

---

20 Thorn-Mocker (pol. Toruń Wschodni)
21 Wolldecke, die gefaltet als Satteldecke verwendet wird.

„Die Batterien haben dafür Sorge zu tragen, dass eine genügende Menge Meldekarten u. Umschläge vorhanden sind. Die Offiziere haben ihre Kopiertasche (letzteres stand in den Befehlsbriefen sämtlicher Batterien) einer eingehenden Revision zu unterziehen." Irgendwelche Bemerkungen zu dem Befehl [16] sind überflüssig.

Ferner muss ich nachholen, was Thomas am 2.8. ungefähr erzählte, da dieser schlechte Mensch mir nichts Schriftliches gegeben hat.

Thomas hatte in Bülow[22] wieder einmal den Artilleriekommandeur des Abschnitts zu vertreten. Gegen 8.00 Uhr kam ein vollständig abgehetzter Radfahrer von der Feldwache aus der Gegend von Zlotterie. Dieser erzählte, während der Leutnant die Meldung schrieb, seien sie plötzlich von Russen angegriffen, der Lt. habe ihm die Meldung noch schnell ausgehändigt u. sei dann wahrscheinlich gefangen genommen worden. Die Meldung war ersichtlich abgebrochen u. man musste unbedingt annehmen, dass alles auf Wahrheit beruhte. Die Nachrichten waren auch so bestimmt, dass Zlotterie von mehreren Korpsregimentern Russen genommen sei u. diese weiter anrückten. Zu gleicher Zeit hatte auch Oberleutnant Ritter v. Schake vom R. W. I. [Infanterie Regiment Wilhelm I.] gesehen, dass mit Booten bei Zlotterie Infanterie oder abgesessene Kavallerie [über die Weichsel] übersetzte. Es wurde daher das Feuer mit 6 Reg. Kanonen (Batterie 3) nach Zlotterie eröffnet. Im ganzen sollen 24 Schuss [17] abgefeuert sein. Später wurde von den ganz klugen Leuten behauptet, es seien überhaupt keine Russen in Zlotterie gewesen. Es mag sein, die Infanterie glaubt sie aber gesehen zu haben u. wird sehr froh gewesen sein in dem Bewusstsein, wir haben gute und sicher treffende Artillerieunterstützung jederzeit zu erwarten. Unter diesem Gesichtspunkte war die Munition jedenfalls nicht vergeudet.

13.8. Donnerstag.
Gestern u. heute hatten die Batterien von 9.00 –11.00 Uhr vormittags im Gelände bespannt exerziert, das Einrichten der Beobachtungsstelle, Aufstellen u. Einrichten des Schildes, Einbauen der Fernsprecher, Deckungskleid für die Geschützbedienung.

---

[22] Bülow: Fort Bülow (pol. Czarnecki–Fort) bei Thorn.

Die Art und Weise, wie ich mir diese gedacht habe, füge ich kurz an, um später damit ersehen zu können, ob sich diese bewährt haben.[23]
[18] Für Fernsprecher tiefes Loch mit Erdwall.

<u>14.8. Freitag.</u>
Heute Vormittag machte die Batterie einen langen Marsch mit verschiedenen Aufmärschen. Nachmittags war ½ Stunde Fußdienst (Stellungswechsel erzeugen, Anschlagslagen, Seiteschlagen). Danach Unterweisung über die Verbandpäckchen und die russische Armee.

Gegen Abend erhielt ich vom Bataillon die Mitteilung, dass morgen voraussichtlich vormarschiert würde.

<u>16., 17., 18., u. 19.</u> [August] siehe kleines Buch.[24]

---

23 „Das Schießen erfolgte (…) aus verdeckten Feuerstellungen mit Feuerleitung von Beobachtungsstellen, wobei die Verbindungen mit einem neuentwickelten schweren Erdkabel hergestellt wurden." Publikation der Artillerieschule Idar-Oberstein a. a. O., S. 14.
24 Ein kleines Buch ist nicht überliefert. Für drei Tage (16. – 18.8.14) fehlt deshalb ein Eintrag. Vermutlich wurde Erichs Einheit mit dem Zug von Thorn aus nach Insterburg (Ostpreußen) gefahren, um in den Raum Gumbinnen zu gelangen. Die Entfernung Thorn – Insterburg beträgt ca. 300 km, eine Strecke, die zu groß ist, um sie in zwei oder drei Tagen im Marsch zurückzulegen.

Samstag, den 23. August. (Draskinehlen[25] im Biwak.)

Am 19. standen wir bis gegen 6.00 Uhr abends an derselben Stelle. Gerüchteweise kam schon der Befehl, es solle wieder in die alten Quartiere abgerückt werden. Kurz darauf kam dann der Befehl, nicht abzurücken, es würde vormarschiert, um dem 1. Armeekorps, das bei Gumbinnen[26] im Gefecht stünde, zu Hilfe zu [19] eilen.[27]

Um 8 Uhr trat die 35. Infanterie Division, die der I. Fußartillerie zugeteilt war, den Vormarsch über Gr. Grobenen[28] – Krauleidzen[29] – Mühle Kieselkehmen – Budweitschen[30] – Kieselkehmen[31] – Kallnen[32] an. Es ging in Eilmärschen vorwärts, die Infanteristen liefen so, dass unsere Pferde kaum mitkommen konnten. Auf dem ganzen Marsche hörte man kaum ein Wort, selbst das Pferdegetrappel u. Wagengerassel wurde fast völlig gedämpft durch die weichen Landwege. Alles freute sich auf den nächsten Tag, wir hofften gänzlich überraschend den Russen [bei]zukommen u. einen glänzenden Sieg zu erringen. Gegen 11.00 Uhr wurde gehalten bis 2.30 Uhr. Die Nacht war kühl u. es fiel stark Tau. Die Infanteristen froren ohne Mantel ganz mächtig. Die in Häusern aufgefundenen Lupinen, Erbsen oder Bohnen dienten aber bald als Kopfkissen u. als Decke.

Als das Bataillon auf den Kallner Bergen[33] in Stellung gehen wollte, hieß es, die Russen seien bereits im vollen Rückzuge. Nur ganz in der Ferne konnte man etwas von dem Schlachtgetümmel erblicken. [20] Um die Kallner Berge war eine

---

25 Draskinehlen (russ. Wolodarowka): Dorf im Amtsbezirk Jodlauken (russ. Wolodarowka), Kreis Insterburg (russ. Tschernjachowsk) 60 km nördlich Lötzen, heute Verwaltungsbezirk Kaliningrad. Erichs Einheit befindet sich, als er diese Zeilen schreibt, bereits auf dem Rückzug westwärts Richtung Weichsel. Die Ereignisse vom 20.8. – 25.8.1914 werden in den Briefen an Auguste detaillierter mitgeteilt.

26 Gumbinnen (russ. Gussew): Kreis Ortelsburg; heute Verwaltungsbezirk Kaliningrad.

27 Schlacht bei Gumbinnen 19./20. August 1914. „Das aktive XVII. A. K. hatte damals einen ernsten Rückschlag erlitten und mehr als 7000 Mann, außerdem allein 200 Offiziere verloren. Diese Verluste hatten im Wesentlichen nur die Infanterie getroffen, der sie fast ein Drittel ihrer Kopfstärke und gerade die Besten genommen hatte. Der Eindruck des Misserfolgs war durch den eiligen Rückzug unmittelbar nach der Schlacht verstärkt worden." Schäfer, Theobald v.: Tannenberg. Berlin 1927, S. 95.

28 Alle Ortschaften liegen im Umkreis von Gumbinnen und sind heute Teil des russ. Verwaltungsbezirks Kaliningrad.

29 Krauleidschen/Krauleidszen (russ. Kolchosnoje).

30 Budweitschen (pol. Budwiecie): südl. Randgebiet der Rominter Heide, 14 km von der Kreisstadt Goldap.

31 Kieselkehmen/Kieselheim (russ. Konstantinowka): Ortsteil von Lorenzfelde im Kreis Gumbinnen.

32 Kallnen: bei Gumbinnen. Das Dorf existiert heute nicht mehr.

33 Die Kallner Berge oder Kallner Höhen sind Teil einer Endmoräne südl. Gumbinnen.

glänzende Beobachtung u. wir hofften deshalb schon ein auch glänzendes Schießen zu haben. Dann ging es über den Schanzen – Beobachtung (südl. Plicken[34])
– in eine Stellung östlich von dieser. Wir waren noch nicht eingefahren, als es
wieder hieß zurück. Es ging über Marienthal[35] querfeldein nach Nestonkehmen.[36]
Westlich Nestonkehmen sollten wir eingesetzt werden. Hier bekamen die Feldartillerie, da sie vor uns fuhr, u. wir die ersten Grüße der Russen in Gestalt von
Schrapnells (Haubitzen). Die Geschosse krepierten sehr hoch u. waren ohne Wirkung.

<u>Film II</u>
Bild 1 u. 2: Batterien im Feuer gegen die Russen 1000 m nordwestlich Alt Grün-
walde am Wegekreuz.
Bild 3: Russische Gefangene, Bild 4 meine Beobachtungsstelle.
Bild 5: Frühstück im Biwak bei Draskinehlen.
Bild 6: Deutsche Flüchtlinge.
Hier muss ich erst den heute befohlenen Gefechtsbrief einfügen.

Auf der Flucht. Bild aus Theobald v. Schäfer: a. a. O., S. 48.

---

[34] Plicken: Gutsbezirk am Nordrand der Plickener Berge (Kreis Gumbinnen).
[35] Marienthal gehörte als Vorwerk [landschaftlicher Nebenhof eines Gutes] zu Szameitschen,
   Kreis Gumbinnen. Der Ort existiert heute nicht mehr.
[36] Nestonkehmen (pol. Lipowo): südl. Stadtrand von Gumbinnen.

Briefe

[21] Draskinehlen, 23.8.17

Über die Tätigkeit der 2. Batterie in dem Gefecht am 20.8.14:[37]

Gegen 5.00 Uhr Vormittag wurden die Batteriechefs vorgeholt auf Höhe 121/500 m südl. Marienthal. Die Batterien erfüllten den Auftrag, in Lauerstellung südl. Höhe 121 zu gehen, Beobachtung an letzterer Höhe. Während die Batterien in Stellung gingen, protzte die in unmittelbarer Nähe befindliche Feldartillerie bereits weiter auf, um munter anzugreifen. Die Batterien erhielten deshalb den Befehl, der Feldartillerie zu folgen. Beim Aussuchen der Beobachtungstellen hatte sich außerdem herausgestellt, dass der Gegner nicht mehr in erreichbarer Nähe der Geschütze stand.

Das Bataillon ging in der allgemeinen Richtung meist querfeldein, nach Gertschen[38] vor. Schon 200 m entfernt an dem Gehöft 500 m westl. Nestonkehmen erhielten die Batterien vom Bataillon Befehl, unmittelbar westlich dieses Gehöftes in Stellung zu gehen. Das [22] Gelände für die Feuerstellung lag zu dieser Zeit unter dem Streufeuer des Artilleriegegners. Von der beabsichtigten Beobachtungsstelle am Gehöfte war das Gefechtsgelände verhältnismäßig gut zu übersehen. Es wurde deshalb erkannt, dass eine ausreichende Wirkung aus dieser Stellung gegen den Feind nicht zu erreichen war. Bevor die Batterien in Stellung gingen, erhielten sie deshalb den Befehl, weiter zu folgen. Allgemein waren wir der Ansicht, dass der Gegner bereits im vollen Rückzuge sei und dass es sich darum handele, so schnell wie möglich vorzugehen, um überhaupt noch zum Schuss zu kommen. Jeder Batteriechef war deshalb bemüht, für seine Batterie eine brauchbare Aufstellung zu erkunden. Ich hatte eine Stellung für die Batterie etwa 400 m

---

[37] „Nicht so glücklich verliefen [am 20. August] die Ereignisse südlich der Eisenbahn Gumbinnen – Stallupönen beim XVII. Armeekorps. Mit der 35. Infanterie-Division links, mit der 36. rechts, rechter Flügel Walterkehmen trat das Armeekorps um 5 Uhr morgens zum Angriff an, der zunächst flott vorwärts ging. Der Feind schien in nordöstlicher Richtung zu weichen. Schon begannen Teile des Armeekorps gegen die Chaussee Gumbinnen – Stallupönen einzuschwenken, um dem gegen das I. Armeekorps kämpfenden Feinde in die Flanke zu fallen, als sich herausstellte, dass man zunächst nur vorgeschobene Kräfte geworfen hatte, und dass nun erst der eigentliche Angriff auf die starke Stellung der Russen zu beginnen hatte. Zu einer Umfassung gelangte man trotz mehrfacher Versuche nicht mehr; immer stieß man wieder auf eine neue Front. Trotzdem wurde in mühseligem Ringen noch weiter Gelände gewonnen, bis schließlich der Angriff seine Kraft verlor. Die Verluste, namentlich an Offizieren, waren ungeheuer. General v. Mackensen musste sich entschließen, sein Armeekorps mit Einbruch der Dunkelheit hinter die Rominte zurückzunehmen." Schwarte, Max: Der Weltkampf um Ehre und Recht. Erster Teil. Berlin 1921, S. 287.

[38] Gertschen: 6 km südl. der Stadt Gumbinnen im östl. Vorland der Plickener Berge.

östlich Augstupönen[39] erkundet u. den Befehl zum Einfahren erteilt, als die Batterie den Befehl erhielt, das Bataillon solle geschlossen an dem Wege Augstupönen – Jodzuhnen[40] in Stellung gehen. Die Beobachtungsstelle wurde eingerichtet, die Batterie fuhr auf. Selbst von der selbständig vorgegangenen Beobachtungsleitstelle [23] aus war nur das Gefecht der Infanterie insgesamt zu beobachten. Die beiderseitige Infanterie [war] im Kampfe bereits so dicht aneinander gekommen, dass eine Gefährdung der eigenen Infanterie bei einer etwaigen Feuereröffnung sehr wahrscheinlich war. Auf meine Anfrage an das Bataillon „was beschießt denn eigentlich die Feldartillerie?", wurde mir vom Bataillonschef erwidert, die Feldartillerie gibt auch nur Streufeuer ab. Vom Bataillon wurde aus obigem Grunde die Feuereröffnung untersagt.

Die Feldartillerie baute ab u. die Batterie erhielt deshalb den Befehl vorzugehen auf dem Wege Augstupönen – Groß Baitschen[41]. Auf diesem Wege erhielt das Bataillon nur einzelne zu weit gegangene Infanteriegeschosse.

Am Wegekreuz Augstupönen – Groß Baitschen – Judtschen[42] – Jodzuhnen hielt die Spitze des Bataillons. Von dem Waldrand östlich des Wegekreuzes war eine sehr gute Beobachtung in das Gefechtsfeld. Zunächst erhielt nur die 1. Batterie den Befehl in Stellung zu gehen.

[24] Gegen 8.00 Uhr vormittags erhielt die 2. Batterie den Befehl, westlich des Wäldchens gegen feindliche Artillerie am Walde zwischen Szirgupönen[43] u. Jonasthal[44] in Stellung zu gehen u. gemeinsam mit der 1. Batterie diese zu bekämpfen. Die Batterie ging in die befohlene Feuerstellung, Beobachtung vom Rande des Wäldchens von der Beobachtungsleitstelle. Das Feuer wurde mit 3600 m eröffnet. Nach 16 Schuss stellte es sich heraus, dass von den Russen eine Scheinstellung ausgehoben war, aus welcher Kanonenschläge abgefeuert wurden. Schon vor der Feuereröffnung kam mir die Art der Feuerschanzung u. die der Rauchwolke eigenartig vor, sodass ich von vornherein nicht daran glaubte, dass dies die Feuerstellung der gegnerischen Artillerie sei. Nach ~ Schuss erkannte ich deutlich die eigentliche Artilleriestellung u. schoss mich auf diese ein. Die 100 m-Gabel war zwischen 5100 m u. 5200 m erreicht. Ich ging auf Gabelmitte mit erzieltem Feuer u. feuerte dann auf 5100, 5112½, 5125, 5150. Nach Abgabe von im Ganzen 50 Schuss meldete [25] ich dann der Leitstelle, dass ich das Feuer einstelle,

---

39 Augstupönen (russ. Kalininskoje): Ostufer der Rominte, 6 km südl. von Gumbinnen. Verwaltungsbezirk Kaliningrad.
40 Jodzuhnen: Kreis Gumbinnen, das Dorf existiert heute nicht mehr.
41 Groß Baitschen (russ. Podgorowka): am Zusammenfluss von Russkaja und Pissa, ca. 8 km östl. von Gumbinnen.
42 Judtschen (russ. Wessjolowka): Kreis Gumbinnen; heute Verwaltungsbezirk Kaliningrad.
43 Szirgupönen (russ. Dalneje): 11 km südöstl. Gumbinnen. Das Dorf existiert heute nicht mehr.
44 Jonasthal (russ. Ochtinskoje): Kreis Gumbinnen.

da die Artillerie schweige u. anscheinend niedergekämpft sei. Es waren von mir während des Schießens deutlich 8 Geschütze in sehr breiter Aufstellung erkannt worden.

Ich verlagerte darauf selbständig das Feuer auf die Infanterie des Gegners, die ich in den Gräben deutlich erkannt hatte. Gleichzeitig erstattete ich dem Bataillon hierüber Meldung. Um jede Gefährdung der eigenen Infanterie zu vermeiden, schoss ich mich von 100 zu 100 m u. schließlich von 50 zu 50 m und darunter an die Schützengräben des Gegners heran. Während dieses Feuers erkannte ich links auf der Straße abfahrende Geschütze oder Protzen. Ich unterbrach deshalb das Feuer auf die Schützengräben u. gab diesen eine Salve ab. Nach der Salve war das Ziel verschwunden. Um 11.00 Uhr stellte die Batterie das Feuer auf Befehl des Bataillons [26] ein, da eine Gefährdung der eigenen Infanterie befürchtet wurde.

Gegen 12.00 Uhr mittags erkannte ich eine längere Artilleriekolonne (anscheinend auf der Straße Szirgupönen – Jonasthal). Ich befeuerte dieselbe mit 2 Salven.

Gegen 2.00 Uhr nachmittags erhielt die Batterie den Befehl, das Feuer gegen feindliche Infanterie zu eröffnen. Da die Beobachtung missverständlich schien u. deshalb eine Gefahr für die eigenen Truppen sehr leicht möglich, wurden nur einige Schüsse mit großer Entfernung auf diese abgefeuert u. dann das Feuer auf Befehl der Leitstelle eingestellt.

Um 4.00 Uhr nahm die Batterie neue Stellung etwa 1000 m kürzer der ersten Stellung ein. Gegen 6.00 Uhr nachmittags wurde zurückgegangen westlich der Rominte u. von dort eine Stellung bei Höhe 65 östlich Gertschen erkundet. Es ergab sich aber, dass eine Beobachtungsstelle aus dieser Stellung nicht möglich war. Es wurde deshalb die Stellung unmittelbar westlich Plicken [27] gesucht, Beobachtungstelle von den Schanzen B. Diese Stellung wurde am 21.8. 3.00 Uhr eingenommen.

Dienstag 25.8.14

Um 4.30 Uhr wurde alarmiert. Es hieß der gestrige Bataillonsbefehl sei ungültig, es solle sofort der Vormarsch über Gr. Engelau[45] – Dietrichswalde[46] – Heinrichsdorf[47] angetreten werden.[48] Um 5.10 Uhr wurde aus dem Biwak bei Kl. Engelau[49] abgerückt.

Gestern marschierten wir von Draskinehlen[50] über Bokellen[51] – Muldszen[52] – Hermsdorf[53] (hier 2-stündige Rast) – Allenburg[54] nach Kl. Engelau. Hier Biwak bezogen. Der Marsch ging so langsam wie ein Leichenbegräbnis. Abmarsch war um 5.30 Uhr Vormittag, Ankunft 5.00 Uhr Nachmittag.

(28) Mittwoch 26.8.14

Ankunft gestern in Wordommen[55] 8.00 Uhr. Unterwegs wurde ½-stündige u. eine 3-stündige Rast eingeschoben. Heute marschierten wir um 4.30 Uhr aus dem Biwak ab über Bischofstein.[56]

Gestern Abend saßen wir noch gemütlich in einem Zimmer beisammen u. waren über die guten Nachrichten, die wir aus dem Westen erfuhren, sehr guter Dinge. Viereck hatte 1 Flasche Sekt u. 1 Flasche weißen Burgunder besorgt, ich hatte in Bartenstein[57] noch 4 Flaschen Bier bekommen. Also ein festliches Essen. Die Leute waren sehr zuvorkommend, heute bekam jeder der Offiziere ein gebratenes Hähnchen mit.

Die Straßen wimmeln von Flüchtlingen. Das Vieh wird meist zurückgelassen, nur die Türen bleiben auf, im Übrigen müssen sie ihre Nahrung suchen.[58]

---

45 Groß Engelau (russ. Demjanowka): Landkreis Wehlau, nordwestl. von Allenburg; heute Verwaltungsbezirk Kalingrad. Das Dorf existiert nicht mehr.

46 Dietrichswalde (russ. Gietrzwald): südwestl. von Allenstein.

47 Heinrichsdorf (russ. Roswnoje): Kreis Bartenstein; Verwaltungsbezirk Kaliningrad.

48 Näheres zum Befehlswechsel und dem erneuten Vormarsch in südlicher Richtung Neidenburg siehe Brief an Auguste vom 31.8.1914.

49 Klein Engelau (russ. Demjanowka): Landkreis Wehlau, nordwestl. von Allenburg.

50 Draskinehlen (russ. Woladarowka): südwestl. von Insterburg; Verwaltungsbezirk Kaliningrad.

51 Bokellen (russ. Frunsenskoje): westl. von Draskinehlen; Verwaltungsbezirk Kaliningrad.

52 Muldszen (russ. Perewalowo): nördl. neben Bokellen; Verwaltungsbezirk Kaliningrad.

53 Hermsdorf (russ. Pogranitschny): Verwaltungsbezirk Kaliningrad.

54 Allenburg (russ. Druschba): südl. von Wehlau; Verwaltungsbezirk Kaliningrad.

55 Wordommen (russ. Wordomy): Verwaltungsbezirk Kaliningrad.

56 Bischofstein (pol. Bisztynek): nordöstl. von Allenstein.

57 Bartenstein (pol. Bartozyce): am Ufer der Alle, ca. 55 km nördl. von Allenstein.

58 „Bis zu 800.000 Ostpreußen sind geflohen. Sie haben ihre Heimat verlassen, ohne zu wissen, ob eine Rückkehr je möglich sein wird. Bereits im August 1914 hatte sich Panik breitgemacht." Kossert, Andreas: Kampf um Ostpreußen; Der Mythos von Tannenberg. In: Die ZEIT Nr. 2. August 2014, ohne Paginierung.

[29] <u>Sonntag, 30.8.14</u>
Seit meinen letzten Aufzeichnungen liegen ereignisreiche Tage hinter uns.

Auguste Pulkowski, geb. Nierhaus

[30] Montag Neuhof, 31.8.14
10 km westlich Ortelsburg[59]

Mein liebes Frauchen!

Wir sollen nach dem großen Erfolge, den unsere Armee gehabt hat, einige Zeit Ruhe haben. Ich benutze diese Zeit, um Dir ausführlich zu schreiben u. Dir zu sagen, was wir erlebt haben u. wie es uns ergangen ist.

Am 21.8. nach dem Gefecht bei Gumbinnen, in dem übrigens das I. Armeekorps sehr erfolgreich u. die Verluste des XVII. Armeekorps nicht nutzlos geworden sind[60], ging das Bataillon um 3.00 Uhr morgens in eine Aufnahmestellung hart westlich Plicken (südlich Gumbinnen), um den Abmarsch der 35. Infanterie Division zu sichern.[61] Zum Schuss kamen wir leider nicht, da der Gegner überraschend nicht nachdrängte. Nicht einmal Patrouillen waren zu sehen. Wir marschierten [31] darauf über Gr. Wilken[62] – Gerwischen [Gerwischkehmen][63] – Nemmersdorf[64] nach Kiaulkehmen[65]. Hier wurde Ortsbiwak bezogen. Die Ostfronten bei Gumbinnen waren bereits sämtlich von den Bewohnern geräumt. Ein trauriges Bild, die Ställe nur geöffnet u. alles Vieh auf den Feldern u. in den Gärten. Bei der eiligen Flucht konnte nur das Nötigste mitgenommen werden. Um das Federvieh vor dem Verhungern zu bewahren, zeigten unser Koch von der Feldküche u. die Metzger ihre gute Seele u. sorgten, dass Enten, Hühner u. Gänse alsbald in den Kochtopf wanderten. An Fleisch war ein Übermaß vorhanden.

---

59 Ortelsburg (pol. Szczytno) liegt auf einer Halbinsel des Hausensees südl. von Bischofsburg.
60 „Das [XVII. Armeekorps] lief in einer übereilten Angriffshetze ohne ausreichende Artillerievorbereitung gegen die russischerseits vorbereitete Stellung an und wurde unter schweren Verlusten abgeschlagen." Hoffmann, Max: Tannenberg wie es wirklich war. Berlin 1926, S. 9.
61 „Um einer drohenden Einkesselung [der 8. Armee] durch die näher rückende Narew-Armee zu entgehen, befahl General v. Prittwitz den Rückzug hinter die Weichsel und gab damit Ostpreußen der Besetzung durch die beiden russischen Armeen preis. In zum Teil panikartiger Flucht suchte sich die Bevölkerung vor den Übergriffen der Russen zu retten." Asmuss, Burkhard; Wichmann, Manfred: Schlacht von Gumbinnen. Deutsches Historisches Museum Berlin. (https://www.dhm.de/lemo/kapitel/erster-weltkrieg/kriegsverlauf/gumbinnen-1914.html [19.01.2019]) Das XVII. Armeekorps sollte dabei möglichst weit nördlich ausholend in Richtung Weichsel marschieren. Der Rückzugsbefehl – er wurde noch am 24. August widerrufen – führte zur Ablösung von General v. Prittwitz und der Bestellung von Paul von Hindenburg als Oberbefehlshaber der 8. Armee und seinem Stabschef Erich Ludendorff.
62 Gr. Wilken: östl. Gumbinnen.
63 Gerwischkehmen (russ. Schaworonkowo): Kreis Gumbinnen.
64 Nemmersdorf: südwestl. Gumbinnen.
65 Kiaulkehmen (russ. Dunajewka): ca. 10 km südwestl. von Gumbinnen. Der Ort existiert heute nicht mehr.

In dem Gehöft bei Kiaulkehmen, das der Batterie zur Benutzung zugewiesen war, stand auch schon der Wagen zur Flucht bereit; der Mann war im Kriege u. die Familie mit Tante u. 2 Kindern hatten selbst für alles [32] zu sorgen. Die Leute waren erst kurze Zeit dort u. hatten ihr ganzes Geld bei dem Kauf des Gehöftes angelegt. Niedergebrannt werden sie vielleicht ihren Besitz wiedersehen.

Am 22.8. marschierten wir über Austineblen[?] – Klein Kallwischken[66] – Sodehnen[67] – Dumbeln[68] – Kiaunen – Jurgaitschen[69] – Drutschlauken[70] – Nimmerfried[71] – Jodlauken – Szallgirren[72] nach Draskinehlen. Ein Marsch von rund 40 km. Unterwegs wurde eine 3-stündige Rast eingeschoben. Wir waren alle schlechter Laune; wir berührten die Ortschaften, die wir auf dem Hinwege auch durchfahren hatten u. in denen die Bevölkerung bei Ansicht der dicken Geschütze guter Dinge waren u. ganz auf unsere Truppen vertrauten. Jetzt wurden diese Ortschaften geräumt.

Am Sonntag den 23.8. war Ruhetag.[73] Unsere Bagage ging uns zu, leider war dies bis heute das letzte Mal. Insofern konnte [33] man sich noch einmal gründlich reinigen u. soweit es die Sparsamkeit erlaubte, neue Wäsche anziehen. Ich beschränkte mich auf Hemd, Strümpfe u. Taschentücher. Unterhosen müssen im Kriege 14 Tage mindestens reichen.

Am 24.8. marschierten wir um 5.30 Uhr ab über Bokellen – Muldzen – Ilmsdorf[74] (hier 2-stündige Rast) – Allenberg[75] nach Klein Engelau[76]. Hier Biwak. Auch hier alles [verlassen], d.h. die Bewohner in wilder Flucht. Über unser Marschziel waren wir vollständig im Unklaren gelassen, einige wussten zu erzählen, die Truppen sollten gleich hinter die Weichsel zurück.[77]

---

66 Klein Kallwischken: Amt Sodehnen. Der Ort existiert heute nicht mehr.

67 Sodehnen (russ. Krasnojarskoje): Kreis Angerapp; heute Verwaltungsbezirk Kaliningrad.

68 Klein Dumbeln (russ. Karpowka): 2 km westl. von Sodehnen; Verwaltungsbezirk Kaliningrad.

69 Jurgaitschen: südl. Gawaiten.

70 Drutschlauken (russ. Dubrowka): Landkreis Insterburg.

71 Nimmerfried: Landkreis Insterburg.

72 Szallgirren (russ. Sadowoje): Kreis Darkehmen; Verwaltungsbezirk Kaliningrad.

73 „Ludendorff hatte (…) dem XVII. Armeekorps Mackensens und dem I. Reservekorps Belows, die sich – von Rennkampfs Kavallerie gefolgt – im Rückmarsch nach Westen befanden, für den 23. August einen >Ruhetag< befohlen." Venohr, Wolfgang: Ludendorff. Legende und Wirklichkeit. Berlin, Frankfurt a. Main 1993, S. 32.

74 Ilmsdorf (russ. Nowo-Bobruisk): nordöstl. von Allenburg am Zusammenfluss von Ilme und Swine gelegen; Verwaltungsbezirk Kaliningrad.

75 Allenberg: unmittelbar westl. von Wehlau (russ. Snamensk).

76 Engelau (russ. Demjanowka): südwestl. von Wehlau gelegen. Die beiden Gemeinden Klein und Groß Engelau existieren nicht mehr und liegen heute im militärischen Sperrgebiet im Verwaltungsbezirk Kaliningrad.

77 „Der Gedanke über die Führung der Schlacht formte sich in seinen Einzelheiten allmählich in der Zeit vom 24. bis 26. August. Die große Frage war, ob es tatsächlich möglich sein

Dienstag, den 25.8. wurde um 4.30 Uhr morgens alarmiert, es hieß, der gestrige Befehl sei ungültig, es solle sofort der Vormarsch über Groß Engelau – Dietrichswalde – Heinrichsdorf auf Wordommen angetreten werden. Das Armeekorps sollte dem 20. Armeekorps, das [34] im Gefecht stünde, zu Hilfe eilen.[78]

In Wordommen kamen wir erst um 8.00 Uhr ins Biwak. Wir waren aber guter Dinge, da die Nachrichten aus dem Westen so gut waren und große Aussicht vorhanden war, dass die Narew-Armee[79] geschlagen würde. Zur Verfügung an unserer Seite sollte das I. Armeekorps, das 20. Armeekorps, das I. Reservekorps, die Hauptreserve von Thorn u. Graudenz u. unser XVII. Armeekorps stehen. Die Narew-Armee sollte aus 4 Armeekorps bestehen. Von Wordommen war der Weg bis zur Stelle, wo der Feind stehen sollte, so weit, dass es für ausgeschlossen gehalten wurde, dass wir am nächsten Tage noch zur Zeit zur Schlacht kommen würden.

Abends saßen wir 5 Herren von der Batterie gemütlich in dem einen Zimmer des Gehöfts zusammen. Viereck (Mecklenburgischer Dragonerleutnant) hatte in Bartenstein 1 Flasche Sekt u. 1 Flasche Burgunder (weiß) ich 4 [34] Flaschen Bier besorgt. Dazu hatten die Besitzer reichlich Eier, Butter, Brot und Kekse aufgestellt. Not hatten wir also nicht zu leiden.

---

würde, das I. A. K. und das XVII. A. K. von der der Armee Rennenkampf wegzuführen, um sie mit anderen Teilen der 8. Armee zu einem Schlage gegen die Narew-Armee zu vereinigen." Ludendorff Kriegserinnerungen a. a. O., S. 37. „Der Ostgruppe der deutschen 8. Armee, dem I. Reservekorps, XVII. Armeekorps, 6. Landwehrbrigade, bot sich die Chance, mit Überlegenheit das vereinzelt nach Norden marschierende VI. Armeekorps anzugreifen. Allerdings mussten dazu von den Truppen enorme Marschleistungen gefordert werden. Die Folgen des Ruhetags traten störend in Erscheinung. (…) Eine Division des XVII. Armeekorps sollte mit einer Marschleistung von rund 50 km Bischofstein erreichen." Hoffmann a. a. O., S. 28.

[78] Noch am Abend des 24. August befahl General Ludendorff dem XVII. Armeekorps, sich in Eilmärschen in südlicher Richtung auf Bischofsburg, Neidenburg hin zu wenden und sich gegen die rechte Flanke der russischen Narew-Armee General Samsonows zu werfen. Venohr a. a. O. S. 32. „Noch ein weiterer schwerer Entschluss war am Abend des 24. Aug. zu fassen: Das I. A. K. und das XVII. A. K. waren bisher in der Richtung auf Allenstein zum späteren Zusammenwirken mit dem XX. A. K. angesetzt. Inzwischen aber war bekannt geworden, dass das russ. VI. Korps, von seiner Armee weit getrennt, über Ortelsburg nach Norden weitermarschiere. Die Gelegenheit, mit ihm abzurechnen, war jetzt besonders günstig." Schäfer a. a. O., S. 45. „Das XVII. A. K. unter Gen. v. Mackensen hatte es noch schwerer gehabt. Es vom Feinde im Osten abzukommen, hatte am 25. Aug. eine Marschleistung von 50 km und mehr von den Truppen gefordert werden müssen. Nahe an der – wenn auch langsam – nachrückenden Front der russ. Njemen-Armee machte sich der Strom der flüchtenden Landbevölkerung besonders stark fühlbar." ebenda S. 97

[79] 2. russische Armee unter Alexander Samsonow.

26. – 30.8.1914: Einkreisungsschlacht bei Tannenberg[80]

Karte 1 aus Ludendorff, Erich: Meine Kriegserinnerungen 1914 – 1918. Berlin 1919.

---

[80] „Die Schlacht wurde auf meinen Vorschlag die Schlacht von Tannenberg genannt, als Er-
innerung an jenen Kampf, in dem der Deutsche Ritterorden den vereinigten litauischen und
polnischen Armeen unterlag. Wird der Deutsche es jetzt wie damals zulassen, dass itauer
und namentlich der Pole aus unserer Ohnmacht Nutzen ziehen und uns vergewaltigen? Soll
Jahrhunderte alte deutsche Kultur verloren gehen?" Ludendorff a. a. O., S. 44f. Die Schlacht
wurde dadurch mit politischer Bedeutung aufgeladen und in eine vorgebliche Kontinuität
des Kampfes zwischen Germanen und Slawen gestellt. Münkler, Herfried: Der große Krieg.
Die Welt 1914 – 1918. Berlin 2013, S. 153.

Am Mittwoch, den 26. [August][81] marschierten wir um 4.30 Uhr früh aus dem Biwak ab über Bischofstein[82]. Bei einer Rast auf dem Marsche trug ich auch einige Notizen in mein Tagebuch ein, an einen Kampf dachten wir nicht. Höchstens glaubten wir, gegen Abend noch eingreifen zu können. Von Geschützdonner war noch nichts zu hören. Gegen 10.00 Uhr Vormittag kam auf einmal der Befehl, Batterieführer u. Beobachtungswagen vor bis Nordausgang von Lautern[83]. Hier sollten weitere Befehle abgewartet werden. Inzwischen wurde auch die Feldartillerie vorgezogen. Wir wurden dann vorgeholt, etwa 1½ km südlich Lautern. Stellung für die Batterien war überall vorhanden, Beobachtungsstellen hatte der Stab infolge [35] des heftigen Schrapnell- und Gewehrfeuers, das auf den vorliegenden Höhen lag, noch nicht ausgesucht. Von unserer Infanterie war außerdem nur wenig vor[gerückt]. Die Feldartillerie war immer sichtbar mitgefahren u. zog so auch das Feuer überall dorthin, wo eventuell etwas zu sehen gewesen wäre. Mahrenholz [Major der westpreußischen Fußartillerie I./11] kam nun auf den glücklichen Gedanken, vorläufig das Gelände, wo die gegnerische Artillerie vermutet wurde (Weddigs-B. südwestlich Kekitten[84]) unter Streufeuer zu nehmen. Mahrenholz sagte dann etwa folgendes: „Also meine Herren, jetzt schnell hier in Stellung gehen, der Pulkowski nimmt für Sie alle nach der Karte die Richtung und dann das Feuer eröffnet. Hurrah!"[85]

Dies geschah nun. Unser Auffahrgelände wurde noch durch Infanteriegeschosse erreicht, getroffen haben jedoch nur 2. Leider leichte Verwundungen, sodass die Leute [36] in kürzester Zeit geheilt sein werden. Schrapnellfeuer erreichte uns vorläufig noch nicht. Es war nur ein ungemütliches Gefühl, ohne Beobach-

---

[81] „Am nächsten Morgen [26.8.14] musste es im (…) Osten beim I. A. K. und XVII. A. K. zum Kampfe kommen; aber nicht der Gegner zwang den Kampf auf, sondern er wurde von der deutschen Führung bewusst herbeigeführt." Schäfer a. a. O., S. 49. „Bei der deutschen Ostgruppe kam es am 26. zu dem Begegnungsgefecht mit dem russischen VI. Armeekorps. (…) Beide Korps [hatten] am 25. schwere Marschleistungen hinter sich, die noch vergrößert wurden durch den Zwang, vor den die transportablen Teile ihrer Habe und ihr Vieh mit sich führenden Scharen flüchtender Landeseinwohner die großen Straßen zu verlassen und sandige Nebenwege einzuschlagen." Hoffmann a. a. O., S. 41. „Völlig erschöpft und bei der Verfolgung in der Dunkelheit stark durcheinandergekommen, sanken die Truppen des XVII. A. K. spät in der Nacht zur Ruhe. Der Feind war unter dem Eindrucke des deutschen Artilleriefeuers und der von Westen drohenden Umfassung im vollen Rückzuge." Schäfer a. a. O., S. 104.

[82] Bischofstein (pol. Bisztynek): 42 km nordöstl. von Allenstein und 72 km südöstl. von Königsberg.

[83] Lautern (pol. Lutry): am Lauternsee, südl. von Bischofstein, 10 km südl. Bartenstein.

[84] Kekitten (pol. Kikity): Südseite des Lauternsees.

[85] „Östlich der [Teistimmer] Straße ging das schwere Feldhaubitzen-Bataillon des Korps, I./Fußartillerie 11, unter Major Mahrenholz in Stellung und eröffnete um 11.00 Uhr vormittags das Feuer." Schäfer a. a. O., S. 101.

tung zu schießen. Ich selbst konnte schlecht von der Batterie fort, zumal Mahrenholz alle Augenblicke von uns etwas wollte. Ich schickte deshalb Leutnant Weiße u. auch Unteroffizier Redmann, Beobachtungsstellen aussuchen. Leider kamen [sie] ohne Erfolg zurück. Ich feuerte nun zwischen 2800 – 3800 m. Die Artillerie der Gegner schien uns nicht in solcher Nähe zu erwarten, denn ihr Feuer ging viel weiter rückwärts. Besonders hatten sie es auf die Wälder abgesehen, sodass unsere Protzen u. die der Feldartillerie ihre Aufstellungsplätze wechseln mussten. Das Bataillon hatte inzwischen einen Offizier als Beobachter (Leutnant Meyer-Hild Feldartillerie) vorgeschoben, der gut beobachten konnte.

Um 12.00 Uhr mittags verlegte die Batterie [37] das Feuer nach dem Waldrand westlich Ludwigsmühle[86] u. feuerte zwischen 3000 – 3400 m. Um 12.50 Uhr Feuerverlage auf Waldrand südlich Ludwigsmühle u. gefeuert zwischen 3200 – 4200 m. Um 2.00 Uhr erhielten die 1. u. 2. Batterie den Befehl [die] sichtbare Artillerie bei >Lud< an Ludwigsmühle unter Feuer zu nehmen. Die Batterie solle südwestlich Teistimmer-See stehen. Die Batterie gab einige Schüsse zwischen 2800 u. 3100 m ab u. erhielt dann von südlicher Beobachtung die Mitteilung, dass die Schüsse gut lägen. Nach der Feuereröffnung war auch schon ein Näherwerden des feindlichen Artilleriefeuers sofort bemerkbar.

2.15 Uhr erhielt ich den Befehl, das Feuer zu verlegen gegen eine Batterie, die von der südlichen Beobachtungsstelle aus 300/16 nachts von der bisherigen [Stellung] aufgefahren sei (zwischen Widdigsberg[87] u. Ludwigsmühle).

[38] Die Batterie hatte inzwischen mit dem Bataillon Fernsprechverbindung eingerichtet, sodass eine schnelle Verbindung mit dem südlichen Beobachtungsposten möglich war. Es wurde zwischen 2700 u. 2800 m gefeuert. Um 3.00 Uhr wurde das Feuer eingestellt. Gegen 4.00 Uhr erhielten die 1. – 3. Batterie Befehl, Stellungswechsel nach der Windmühle 2,5 km östlich Lautern zu machen. Mahrenholz fuhr mit dem Auto vor, um eine Stellung zu erkunden. Zunächst waren nur die 1. u. 2. Batterien in Marsch gesetzt. Als ich an der Windmühlenhöhe ankam, um mich nach Mahrenholz zu erkundigen, rief mir ein Generalstabsoffizier des Heereskorps zu, die Batterien sollten schleunigst in Stellung gehen, da die Infanterie auf dem linken Flügel ohne jede Artillerieunterstützung sei.

---

86 Ludwigsmühle (pol. Mlynczysko): südöstl. von Kekitten in der Nähe der Ostseite des Teistimmer Sees. Der Ort existiert heute nicht mehr.
87 Widdigsberg: südl. von Kekitten und nordwestl. von Ludwigsmühle.

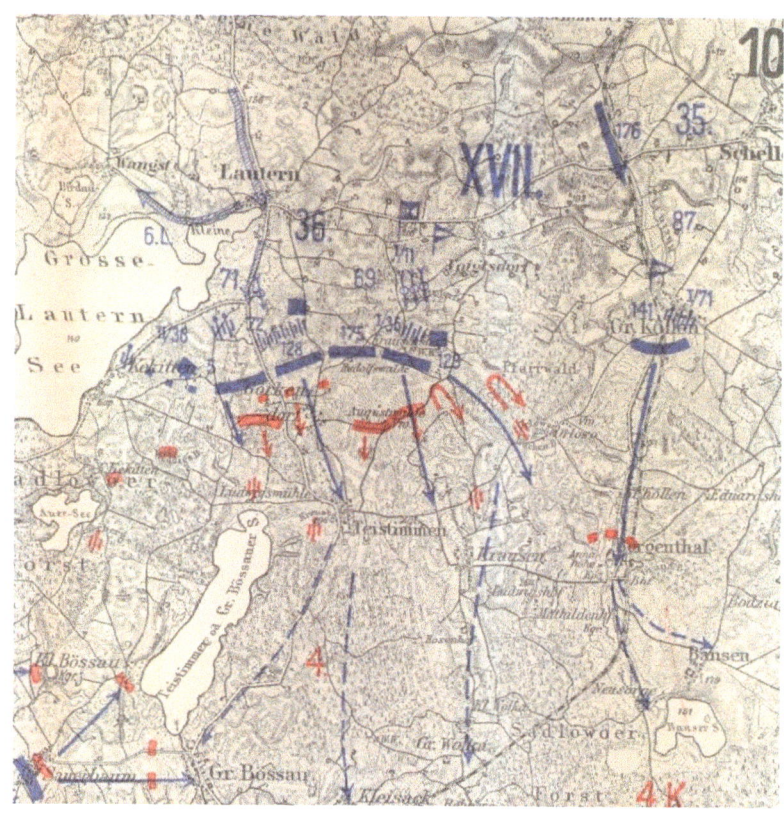

Kartenausschnitt aus Schäfer a. a. O., Karte 10

Gleichzeitig sagte er, wir sollten aber sehr vorsichtig sein, [39] denn in den Wald unmittelbar westlich von uns sei soeben ein russisches Infanteriebataillon gerückt. Münchow kam mir entgegen u. zeigte die Feuerstellung. Wir überlegten noch kurz, was zu machen sei. Thomas führte die Batterien nach. Vor uns sahen wir nur vereinzelte Schützen von uns. Zu unserem Trost erfuhren wir auch noch, dass die 35. Infanterie Division bisher wegen allzu großer Übermüdung nicht in den Kampf hätte eingreifen können[88], sodass also mit irgendwelcher Infanterie-unterstützung in keiner Weise zu rechnen war. Wir fassten nun den Entschluss, auf alle Fälle in Stellung zu gehen. Die Beobachtungsstelle wollten wir jedoch auf

---

[88] Von der 35. Inf. Div. lag die Meldung vor, dass sie wegen Übermüdung der Truppen bei Bischofshofen rasten müsse." Schäfer a. a. O., S. 100.

den linken Abhang der Voigtsdorfer Berge[89] legen. Je näher wir dieser Höhe kamen, umso dichter kamen die Infanteriegeschosse. Mahrenholz erwartete uns auf der Höhe bei dem Gehöft. Als [40] wir schon abgesessen waren, schickte das Heereskommando Befehl, vorläufig nicht in Stellung zu gehen, sondern den Befehl des Batteriekommandos abzuwarten. Ich schickte zurück, dass der Befehl unverständlich sei. Je näher wir auf die Höhe kamen, umso ungemütlicher wurde es. Infanterie war ausgesprochen spärlich, hinter uns ebenso, dafür das gegnerische Feuer umso lebhafter. Wir überbrachten nun Mahrenholz den Befehl des Heereskommandos. Auf alle Fälle wollten wir aber die Richtung nehmen, um jeden Augenblick das Feuer eröffnen zu können. Da Thomas nicht nachkam, sagte ich Mahrenholz, er solle auf jeden Fall zurückbleiben, ich wolle die Richtung nehmen. Mit Unterfeldwebel Rein stellte ich also den Richtkreis auf u. nahm die Richtung. Offengestanden war dieses kein allzu angenehmes Gefühl, die Geschosse schlugen verdammt dicht ein [41] und ich glaubte kaum, ohne Kugel davonzukommen. Es ging aber gut. Während wir die Beobachtungsstellen aussuchten, stellten wir fest, dass rechts der Hauptrichtung eine feindliche Batterie in Stellung war. Inzwischen kam der Meldereiter vom Heereskommando mit einem nicht klaren Befehl zurück. Mahrenholz entschloss sich nun kurz, sofort in Stellung zu gehen u. das Feuer zu eröffnen. Wir hatten alle die Empfindung, dass, wenn wir es nicht sofort täten, das ganze Gefecht wahrscheinlich verloren gehen würde. Münchow sollte den Befehl überbringen. Kurz darauf kam der Meldereiter zurück und fragte, welche Ladung u. welche Entfernung? Es vergingen einige Minuten, da eröffneten die 1. u. 2. Batterie das Feuer, ohne von dem Batteriechef irgendwelche Befehle erhalten zu haben. Wir warteten [42] noch auf die Fertigstellung der Fernsprechleitung. Wir beobachten und staunen nur. Gerade an der Stelle, wo die feindliche Feldartillerie gestanden hatte, schlugen von den beiden Batterien die Geschosse ein. Erfolg, die feindliche Feldartillerie schweigt oder ist abgefahren. Später stellte sich heraus, dass Münchow den Batterien den Befehl überbracht hatte, sofort das Feuer mit 5. Ladung u. 3000 m zu eröffnen u. zu streuen. Obwohl die feindlichen Batterien etwa 80/16 rechts der Hauptrichtung standen, waren doch die Geschosse infolge der Nichtberücksichtigung des Stellungsunterschiedes zufällig richtig gegangen u. Glück muss der Mensch haben.

Nach wenigen Schuss sahen wir den Gegner in dichten Haufen zurückfluten. Ein gewichtiges Ziel! In diese Massen nun das Feuer unserer beiden Batterien. [43] Bald hatte sich auch noch die 3. Batterie dazugesellt. Jedes erkennbare Ziel war da unter Feuer genommen.[90]

---

89 Voigtsdorfer Berge liegen nordöstlich von Kekitten und nördlich des Bischodorfer Waldes.
90 „Um 12.30 mittags traf vom A.O.K. [Oberstes Heereskommando] folgenden Befehl von 7.30 vorm. ein: >XVII. A. K. und I. R. gehen, sobald der gestern (26. Aug.) und heute geschlagene Feind erledigt ist, mit allen irgend verfügbaren Kräften auf Jedwabno vor, um

Nachher beteiligte sich Lippe eifrig bei den Aufräumungsarbeiten. Von unserer Infanterie sahen wir bis dahin fast gar nichts. Uns wurde etwas unheimlich zumute. Nicht etwa darüber, dass wir allein waren, sondern weil wir fürchteten, in unsere Infanterie zu schießen. Erst mit Anbruch der Dunkelheit (gegen 7.00 Uhr Abend) sahen wir unsere Infanterie in dichten Massen, ohne einen Schuss abzugeben, vorgehen. Wir hofften vergeblich, noch irgendetwas vom Feinde zu erspähen. Im Ganzen in beiden Stellungen 341 Schüsse verfeuert. Gegen 7.30 Uhr bauten wir unsere Beobachtungsstelle, die etwa 1000 m vor den Batterien links am Gehöft hinter einem dicken Baum gelegen hatte, ab, um bei den Batterien zu biwakieren. Der Hafer [44] für die Pferde war etwas knapp geworden, deshalb wurde das verlassene Gehöft hierauf untersucht. Es wurden tatsächlich noch mehrere Sack gefunden u. dazu ein fast verhungertes Kalb. Zu dem Kalb fand sich bald auch die mildtätige Seele in Gestalt von Leutnant der Reserve v. Lossow. Vier Pistolenschüsse verhalfen dem Kalb dazu, dass es die Ehre hatte, um in [den] nächsten Tagen von der 1. Batterie verzehrt zu werden.

Die Nacht verlief völlig ruhig. Am nächsten Tage [27. August] wurde der Gegner über Bischofsburg[91] verfolgt. Der Anblick auf der Vormarschstraße war wenig schön. Auf deutscher Seite, besonders von der Infanterie fast keine Verluste. Die Infanterie hatte nämlich Befehl erhalten, langsam vorzugehen, um das Eingreifen der 35. Infanteriedivision abzuwarten.[92] Außerdem schien sie bei Gumbinnen etwas gelernt zu [45] haben. Von allen Seiten wurden wir zu dem großen Erfolge beglückwünscht. Allgemein war man der Ansicht, dass ohne unser tatkräftiges Eingreifen u. ohne unsere Wirkung die Sache schief gegangen wäre. Die russischen Gefangenen sollen erzählt haben, dass sie uns (von der schweren Artillerie), falls sie uns einmal kriegen sollten, alle die Augen ausstechen würden.

Als wir in Bischofsburg längere Rast machten, brannte plötzlich die Apotheke lichterloh. Zu gleicher Zeit sollen 2 Russen aus dem Hause geflohen sein. Das Feuer wurde mit allen Mitteln gelöscht. Hier erfuhren wir auch, dass der Gegner in voller Flucht sei. Nachmittags wurde die Verfolgung fortgesetzt, 36.

---

in den bevorstehenden, voraussichtlich länger dauernden Kampf einzugreifen.< Bald darauf traten beide Divisionen des XVII. A. K. ausgeruht und verpflegt auf Passenheim und auf Mensguth zur Verfolgung nach Süden an." Schäfer a. a. O., S. 113. „Das I. Reservekorps und XVII. Armeekorps setzten am 27. den Vormarsch nach Süden fort, um die gemeldeten feindlichen Stellungen anzugreifen." Hoffmann a. a. O., S. 46. „Vor dem XVII. A. K. war das russische VI. A. K. in vollem Rückzuge über Ortelsburg; es wurde südl. Bischofsburg abermals geworfen. Dorthin verfolgten schwächere Kräfte, während das Gros des XVII. A. Ks. am Abend des 27. bei Mensguth und nördlich lagerte." Ludendorff a. a. O., S. 41.

91   Bischofsburg (pol. Biskupiec): Landstädtchen nordöstl. von Allenstein.
92   „Nördlich von Mensguth stieß auch die Hauptkolonne der 35. Inf. Div. noch auf den Feind, der sich einzugraben suchte. Er wurde durch Feuer leichter und schwerer Artillerie (1 ./FßA 11) vertrieben." Schäfer a. a. O., S. 114.

Infanteriedivision auf Rumy[93] (dazu 2. – 4. Batterie), 35. Infanterie Division auf Dimmern[94] (dazu 1. Batterie). Thomas hatte noch Gelegenheit gegen 100 Schuss loszuwerden.

[46] Thomas erzählte am nächsten Tage von seinem Unternehmen; erwähnen möchte ich hier nur den kriegsmäßigen Befehl des Artilleriekommandeurs (Kommandeur F. A. 81). Thomas wird gerufen u. ihm ein Ziel gezeigt. „Schönes Ziel, was? Wollen Sie darauf schießen? Nun, dann los!"

Die 2. bis 4. Batterie u. die 1. Munitionskolonne bezogen am Abend Biwak bei Gut Raschung[95]. Ich hatte die Biwakplätze auszusuchen. Es blieb kein anderer Platz übrig, als einer dicht beim Gute. Dieser Platz war tags zuvor von den Russen benutzt worden. Schon auf dem Marsche hatte ich verlassene Biwakplätze der Russen gesehen u. ich ging deshalb mit Abscheu auf diesen Platz. So schlimm hatte ich es mir aber doch nicht gedacht. Die von uns verlassenen Biwakplätze [47] sehen ja auch nicht schön aus u. man findet neben dem Platze zahlreiche Ableger der Leute. Bei den Russen ist der ganze Lagerplatz damit beschmutzt. Diese Schweine müssen es direkt neben ihren Lagerplätzen wie die Schweine besorgt haben.

Die Wirkung unserer Granaten muss grauenvoll gewesen sein. An der Vormarschstraße hatte ich für meinen Teil schon genug gesehen, obwohl schon viel beiseitegeschafft war. Im Wald, in den die Russen geflüchtet waren, soll es nach Augenzeugen geradezu entsetzlich gewesen sein.

Dienstag, 1. September 14

Um die Bedienung des Geschützes zu beschleunigen u. zu erleichtern, hatte ich am 26.8. beim Schießen kleine Ladungen statt der 5[-er] nehmen lassen. Als wir in der 2. Stellung mit Beobachtung schossen, wunderte ich mich, dass auf den kurzen Entfernungen die Schüsse nicht zu sehen waren. Ich korrigierte nach der Seite, nach der Länge: [48] nichts zu sehen. Schließlich fiel mir ein, dass es vielleicht an den großen Einstellungswinkeln liegen könne, dass die Schüsse im Boden stecken blieben. Und siehe da, so war es.

---

93 Rumy: südl. Bischofsburg.
94 Dimmern (pol. Dymer): Landkreis Ortelsburg.
95 Raschung (pol. Raszag): südl. von Bischofsburg am Raschunger See.

Am 28.8. wurde die Verfolgung der Gegner eingestellt u. das ganze Armee-korps auf Allenstein[96] angesetzt, um den Gegner des 1. Armeekorps u. des 1. Re-servearmeekorps entscheidend schlagen zu helfen.[97] Unsere 36. Infanterie Divi-sion, der wir für den Marsch unterstellt waren, marschierte nach Wartenburg[98]. Kurz vor diesem Ort hielt das Bataillon. Weiße besorgte noch 4 Fass Braunbier, Brot, Butter, Wurst. Am Tage vorher hatte ich noch in Raschung 2 Flaschen Henckel, 1 Flasche Wein u. ½ Flasche weißen Tarragona[99] für 17,50 M besorgt.

---

96   Allenstein (pol. Olsztyn)
97   Von Hohenstein [pol. Olsztynek: Kreis Allenstein] kommend waren 10.30 Uhr starke rus-
     sische Verbände in Allenstein eingerückt. „Während das Armeeoberkommando wollte, dass
     vom XVII. Armeekorps nur Teile den Angriff auf Allenstein mitmachten, andere Teile aber
     in der Verfolgung nach Süden blieben, war das Ergebnis der nächtlichen Befehlsübermitt-
     lung, dass General v. Mackensen trotz seines entschiedenen Widerspruchs dazu veranlasst
     wurde, den bisher auf Jedwabno [südlicher Rand der Allensteiner Seenplatte] und östlich
     angesetzten Vormarsch abzubrechen und für sein ganzes Korps dem Abmarsch rechts –
     also nördlich – vom I Armeekorps auf Alleinstein anzuordnen." Schäfer a. a. O., S. 170.
98   Wartenburg (pol. Barczewo); 27 km westl. von Bischofsburg, östl. von Allenstein
99   Spanischer Wein aus der Weibauregion Tarragona, Katalonien.

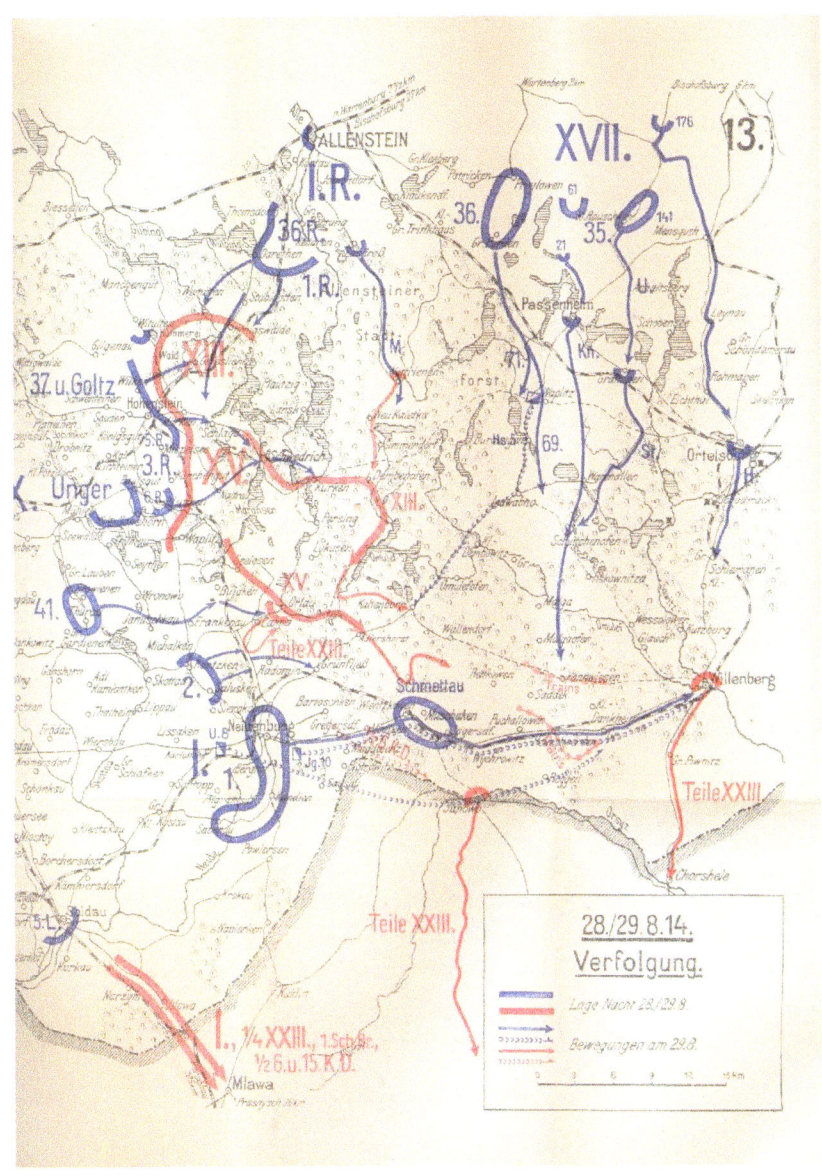

Karte 13 aus Schäfer a a. O.

Neuhof Mittwoch, 2. September – Biwak.

Am 28. mittags, als das Bataillon östlich Wartenburg hielt, bekamen wir von Mahrenholz die Mitteilung, dass 2½ russische Korps vom 1. Armeekorps geschlagen sei u. das XVII. Armeekorps versuchen sollte, dem russischen Korps den Rückweg abzuschneiden. Batterieführer [49] wurden zum Markt nach Wartenburg vorbestellt. Mahrenholz war besonderer Laune. Weiße wusste zu erzählen, dass er kurz nach Erhalt der freudigen Nachricht, sich in die Hotelecke gestellt habe u. vor versammelten Wartenburger Bürgern seine runde Seite aus einem bestimmten Grunde gezeigt hatte.[100]

Das Bataillon marschierte ohne jegliche Bedeckung über Kirschlainen[101] – Prejlowo[102] nach Groß Purden[103]. Nachdem, was uns gesagt war, hofften wir jeden Moment in fliehende Kolonnen schießen zu können. Dies war aber nicht so. Mahrenholz verkündete in eisiger Laune u. als ob er den Sieg errungen hätte, allen vorbeiziehenden Truppenteilen u. sogar einzelnen Nachzüglern den großen Sieg.

Die Bürger von Groß Purden hatten sich auch Mahrenholz' Unzufriedenheit zugezogen; ein Jüngling, der seine Kühe von der Weide nach Hause brachte, erzielte dafür, weil seine Kühe nicht gebildet genug waren, älteren Offizieren aus dem Wege zu gehen, eine Ohrfeige u. eine Reihe Schimpfworte.

Gegen 8.00 Uhr abends kam ein Infanteriebataillon mit ins Dorf. Am nächsten Tage [29.8.14] setzte die 36. Division den Vormarsch von Groß Purden nach Scheufelsburg[104] fort. Abmarsch aus dem Biwak 6.30 Uhr vormittags.

[50] Das Bataillon war an das Ende der Vorhut genommen worden. Bisher waren wir stets am Ende des Heers u. meist sogar hinter der Sanitätskompanie eingegliedert worden. Der Weg bis Scheufelsburg war sehr schlecht, tiefer Sand u. tüchtige Neigungen. Um der Infanterie den Marsch zu erleichtern u. um schneller vorwärts zu kommen, waren die Tornister auf Wagen verladen worden. Diese Wagen waren der Gefechtsbagage der einzelnen Bataillone angeschlossen worden. Der Erfolg dieser Maßnahmen war, dass diese Wagen in dem tiefen Boden steckenblieben u. die Wege versperrten. Unsere Pferde gingen sehr gut durch, nur

---

[100] „Gen. v. Mackensen hatte seine Truppen schon in aller Frühe des 28. Aug. aufbrechen lassen, um sich – sehr gegen seine Überzeugung, aber dem ihm übermittelten Befehle gemäß – rechts neben das I. A. K. zu setzen. Seine Divisionen näherten sich nach fast 20 km Anmarsch gerade Wartenburg, als Glt. [Generalleutnant] v. Below vorschlagen ließ, nunmehr wieder nach Süden abzubiegen. (…) Also doch wieder nach Süden! – Schade um Kraft und Zeit, die vergeudet wurden!" Schäfer a. a. O., S. 172. „Das XVII. A. K. hatte trotz aller vorhergegangenen Anstrengungen die Bewegung nach Süden noch am 28. Aug. bis tief in die Nacht hinein fortgesetzt, um den Russen den Weg abzulaufen." Schäfer ebenda S. 198.

[101] Kirschlainen (pol. Kierzliny): Landkreis Allenstein.

[102] Prejlowo: Landkreis Allenstein, im Westen der Masurischen Seenplatte.

[103] Groß Purden (pol. Purda): Landkreis Allenstein.

[104] Scheufelsburg/Scheufelsdorf (pol. Tylkowo): am Kalbensee, südl. von Groß Purden.

einzelne Vorratswagen blieben infolge der klobigen Bereifung u. Schwere stecken.[105]

Änderungsvorschläge:
- Statt 1 schweres einteiliges <u>Vorderrad</u> zwei leichte 2-teilige Vorderräder
- Sämtliche Bagage-Fahrzeuge breite Räder u. 2-teilig
- Beobachtungswagen: 6-spännig
- 4-spännige Fahrzeuge: 6-spännig
- Stallzelte für Pferde

[51] Von Scheufelsdorf ging das Bataillon über Nareythen[106] – Schwirgstein[107] in eine Bereitstellung nach Höhe 170 (2,5 km nordöstlich Burdungen[108].)
Hier blieben wir den Tag über u. die Nacht. Zu sehen war nichts. Wir gaben schon
die Hoffnung auf, den russischen Korps den Weg zu versperren. Für die Nacht
sollte bei einem erwarteten Durchbruch der Hartigswalder Forst unter Feuer genommen werden. Die Nacht blieb aber vollständig ruhig.

Am 30.8. erhielt das Bataillon Befehl, über Burdungen nach Jedwabno um-
zuziehen, da ein Durchbruch nach Süden zu erwarten war. Staffelweise Stellungswechsel. Um 9.45 Uhr vormittags gingen die Batterien östlich der Straße Burdungen – Jedwabno 800 m südliche Höhe 163. Beobachtungsstelle 100 m auf der
Höhe vorgeschoben, missratene Beobachtungsstelle, so Leiter am Waldrande.
Die Beobachtungsstelle war kaum eingerichtet, als es hieß Stellungswechsel nach
Burdungen, unser Gegner sei von Ortelsburg im Anmarsch.[109] Die Stimmung war
damit sehr miserabel. An einen großen Erfolg wollten wir nicht mehr recht glauben. Das Bataillon wurde einer gemischten Brigade, die über [52] Burdungen –
Ittowen[110] vorging, angegliedert. Mahrenholz war vorgeritten. Wir, bzw. ich,
glaubte in dieselbe Stellung vom vorigen Tage, bloß nach anderer Richtung zu
gehen. Die Brigade marschierte aber ohne Unterbrechung vor u. vor bis in Höhe
von 157. Hier sollte eine Stunde Ruhe sein. Hoppe schickte auf meine Veranlas-
sung einen Meldereiter vor, um zu fragen, was los wäre. Dieser kam aber nicht

---

105 „Es ist schwer, sich heute eine zutreffende Vorstellung zu machen von den Anstrengungen
und Entbehrungen, die die fortgesetzten Gewaltmärsche den braven Truppen des XVII.
Armeekorps gebracht haben. Als sich General Mackensen während des Marsches (am 28.
August) vom Zustand der Truppe wie der Wege, auf die sie angewiesen war, überzeugte,
traf er >viele Offiziere, auch Generale, die vom Pferde gestiegen waren und des Beispiels
halber mit ihrer Infanterie im Staube durch den Sand wateten<." Schäfer a. a. O., S. 200.
106 Nareythen (pol. Narejty): Landkreis Ortelsburg.
107 Schwirgstein (pol. Dzwierstyny): Landkreis Ortelsburg.
108 Burdungen (pol. Burdag): Landkreis Neidenburg.
109 Eine „Fliegermeldung besagte, dass der Feind, den man geschlagen wähnte, auch auf Ortelsburg, wo schon am Abend vorher Kämpfe stattgefunden hatten, wieder im Vormarsch
sei." Schäfer a. a. O., S. 206.
110 Ittowen (pol. Witowo): Landkreis Neidenburg.

zurück. Ein dummes Gefühl für uns, da wir nicht einmal wussten, ob Mahrenholz noch links nach Höhe 170 abgebogen war.

In Neuhof[111] angekommen, wurde Biwak bezogen. Der Gegner war bereits von der 71. Infanteriebrigade geschlagen.

Am 31. u. 1. war hier Ruhetag.

Am 1. [September] war große Wäsche. Hemd, Füße u. – dazu – Strümpfe u. Kragen persönlich gewaschen, Unterhose gründlich ausgeklopft. Das Waschen der Taschentücher übernahm Heidemann.

---

111 Neuhof (pol. Nowy Dwor): Landkreis Neidenburg.

[53] <u>Donnerstag</u> Neuhof, 3.9.14

Mein liebes Frauchen!

Heute erhielt ich Deine lieben Karten vom 13. u. 14. August. Deine Briefe vom 11. u. 12. werden wohl noch nachkommen. Heute u. morgen sollen wir voraussichtlich noch Ruhe haben. Das Biwakleben wird allmählich sehr langweilig. Weil man nichts zu tun hat, schläft man schlecht. Sonst geht es uns aber gut. Leutnant Weiße u. von Viereck sorgen eifrig für Verpflegung u. Getränke, selbst weite Strecken scheuen sie nicht, wenn es gilt, Butter, Eier, Wein, Schnaps, Brot, Sardinen usw. herbeizuschaffen. Gestern schickte uns Lippe aus Ortelsburg, das völlig niedergebrannt ist, 159 Flaschen Wein à 60 Groschen. Mahrenholz übernahm die Verteilung. Es sollte durch 6 geteilt werden (4 Batterien, 1 Munitionskolonne, Stab, d. h. Mahrenholz, Münchow u. 1 – 2 Offiziere). Jede Batterie erhielt 25 Flaschen, der Stab außerdem den Rest von 9 Flaschen u. dazu versuchte er die besten für [54] sich zu behalten. Hier möchte ich gleich auch eine andere Teilung von Mahrenholz erwähnen. Ein Offizier des Stabes brachte 3½ Kisten Zigarren mit. Mahrenholz sagte, das passt ja ganz gut, wir sind 3 Herren, nahm dann 2 Kisten unter den Arm u. ging los, die andere Kiste überließ er den beiden Herren. Im Übrigen vertragen wir uns bisher sehr gut.

Über Willys[112] Verheiratung habe ich mich sehr gefreut, ich werde ein Kärtchen an die junge Frau schreiben.

Grüße alle herzlichst u. sei Du u. die Jungs[113] innig lieb umarmt von Deinem

treuen Mann.

---

[112] Vermutlich Willy Nierhaus, Augustes Bruder.
[113] Horst (1.11.1908 – 9.2.1939; Hans-Henning (27.1.1910 – 14.12.2002)

<u>Film III.</u>
1 u. 2: Große Wäsche in der Feuerstellung am 27.8. bei Lautern.
3 u. 4: Weiße leichte Wäsche am 2.9. Biwaklager.
5: Ich beim Kaffee am 2.9.
6: Sonnenstuhl am 3.9. bei der Toilette.
[55] <u>Film IV: Ortelsburg.</u>

<u>Freitag, den 4. September</u>
Marsch von Neuhof über Ortelsburg nach Gr. Schöndammerau[114]. Dort Biwak.
Abends in der Gastwirtschaft Kl[ein] Anna u. 3 geladene Häschen. Brief vom
12.8. erhalten.

<u>Donnerstag, den 5 September</u>
Marsch von Gr. Schöndammerau – Erben[115] – Rheinswein[116] – Kallenczin[117] –
Ribben[118] nach Rosoggen[119]. Hier Ortsbiwak, jedoch von der 2. Batterie sämtliche
Pferde u. Mannschaften untergezogen [für deren Unterbringung gesorgt].[120]

---

[114] Groß Schöndammerau (pol. Trelkowo): Landkreis Ortelsburg.
[115] Erben (pol. Orzyny): Kreis Ortelsburg.
[116] Rheinswein (pol. Ransk): Kreis Ortelsburg.
[117] Kallenczin (pol. Kaleczyn): Kreis Ortelsburg, 3 km nördl. von Ransk bei Rheinswein.
[118] Ribben (pol. Rybno): Landkreis Sensburg.
[119] Rosoggen (pol. Rozogi): Landkreis Sensburg.
[120] „Der Vormarsch gegen die Armee Rennenkampf begann am 4. September." Ludendorff a.
a. O., S. 48.

6. – 14.9.1914: Schlacht an den Masurischen Seen

[56] Sonnabend, 5.9.14 – Rosoggen östllich Bischofsburg.

Mein liebes Frauchen!

Wir sind Gott sei Dank wieder in der Vorwärtsbewegung begriffen. Wohin u. wie schnell ist unbekannt. Nach den letzten guten Nachrichten hoffen wir alle im Stillen sehr stark, dass es bald zu Ende mit dem Kriege ist. Der Krieg bringt doch sehr viel Leid und Elend mit sich. Auf dem Wege hierher sahen wir, wie scheußlich die Russen teilweise gewütet haben. Ortelsburg ist fast völlig niedergebrannt, nicht nur infolge der Beschießung, sondern vielfach durch Brandstiftung.[121] Nach den Erzählungen der wenigen Leute, die zurückgeblieben waren, sollten die jungen Leute und teilweise Mädchen mitgeschleppt [worden] sein.[122] Wo die Bewohner geflohen waren, ist nicht nur alles zerstört, sondern absichtlich zerschlagen. In erster [57] Linie sollen die Kosaken so gehaust haben, die übrigen russischen Soldaten sollen nur nach Essen und Trinken verlangt haben.[123] Man sagt, dass Befehl erteilt sei, keine Kosaken gefangen zu nehmen, sondern sie direkt zu erschießen. Im Übrigen sollen die Landwehr u. unsere Infanterieregimenter auch

---

[121] „Der Ort war keineswegs im Kampfe in Brand geschossen, sondern auf ausdrückliche Anordnung des russischen Befehlshabers angezündet worden, weil von den Einwohnern auf seine Truppen geschossen sein sollte. Tatsächlich scheinen in Biwakfeuern explodierende Gewehrpatronen diesen Eindruck bei den Russen hervorgerufen zu haben." Schäfer a. a. O., S. 200.

[122] „Während eines russischen Überfalls auf einen Kleinbahnzug in Groß Jerutten (pol. Jeruty), Kreis Ortelsburg, am 11. November starben 13 Zivilisten und sechs Soldaten. Hinzu kamen Berichte über Vergewaltigungen. Insgesamt wurden bis zu 13.000 Zivilisten nach Russland deportiert. Zwei aus Popowen, Kreis Lyck, verschleppte Mädchen, Hildegard und Elisabeth Sczuka, wurden gemeinsam mit ihrem Vater Johann und weiteren 29 Dorfbewohnern nach Russland deportiert. Erst 1920 kehrte die Familie nach Ostpreußen zurück." Kossert, Andreas a. a. O., ohne Paginierung.

[123] „Viele russische Truppen sind im August und September in Ostpreußen musterhaft vorgegangen. Weinkeller und Vorräte wurden bewacht. Rennenkampf hielt strenge Zucht in Insterburg. Der Krieg brachte aber doch unendliche Härten und große Schrecken. Die Kosaken waren grausam und roh, sie brannten und plünderten. Sie wurden viele Bewohner getötet und Ausschreitungen am Weibe begangen, die Bevölkerung zum Teil verschleppt. Das war größtenteils widersinnig. Man fragte sich vergeblich nach der Begründung. Den Russen wurde von der Bevölkerung nicht der geringste Widerstand entgegengesetzt. Sie war fügsam und hat sich, wie es unseren Ansichten entsprach, nicht an dem Kampf beteiligt. Hier trifft den Russen die Verantwortung für seine Untaten." Ludendorff a. a. O., S. 53.

alle Russen bereits töten; von den Russen soll die weiße Flagge gezeigt u. die Waffen anscheinend niedergelegt worden sein. Die Russen sollen mit hochgehobenen Händen gestanden haben, bis die Unsern bis auf 30 Schritt heran waren, dann haben sie plötzlich das Feuer wieder aufgenommen. Hierbei sollen verschiedene Regimentskommandeure gefallen sein. Diese Regimenter haben sich geschworen, keinen Pardon mehr zu geben.

Heute hat ein sehr unangenehmes kaltes Wetter eingesetzt. Ein Glück, dass wir wenigstens diese Nacht Mannschaften u. Pferde unter Dach u. Fach bekommen haben.

[58] In Gr. Schöndammerau erzählten der Gastwirt und seine Familie Verschiedenes über den russischen Aufenthalt. Bezahlt hätten sie, aus Angst nichts genommen. Gegessen u. ausgesehen hätten die russischen Offiziere wie die Schweine.

In Ribben erzählte mir der Gastwirt u. Kolonialwarenhändler, er hätte für 30 – 40000 Mark Waren gehabt, alles sei ihm genommen worden ohne Bezahlung u. Bescheinigung. Die Offiziere hätten Sekt u. Wein bezahlt, aber so niedrig (1 – 3 Rubel die Flasche), dass er etwa 2 – 3 Mark eingenommen hätte, diese seien ihm aber später wieder genommen worden. Der Molkereibesitzer soll 1 Offizier u. mehrere Unteroffiziere im Quartier gehabt haben, nach seinen Aussagen sollen diese täglich vollständig betrunken gewesen sein.

Ein Scherzchen von Mahrenholz muss ich noch erzählen: Als wir bei Neuhof ins Biwak kommen, wunderte ich mich, auch Mahrenholz noch dort zu sehen u. fragte: „Was, Herr Major biwakieren auch?" „Ich biwakiere überhaupt grundsätzlich!", war seine Antwort. Meines Wissens war es das zweite Mal, beide Male war eine andere Möglichkeit nicht vorhanden.

[59] Imionken[124], 8.9.14 – 2,5 km nordöstlich Lötzen.

Mein liebes Frauchen!

Gestern Nacht [7.9.14] bekam ich die meisten Deiner noch fehlenden Briefe u. die Schokolade, später dann noch das Bild der Jungens. Für alles herzlichen Dank. Sonntag [6.9.14] marschierten wir bereits um 3.30 Uhr nachts ab über Sorquitten[125] – Sensburg[126] nach Königshöhe[127]. Hier kamen wir gegen 12.30 Uhr mittags an u. fanden auch für die ganze Batterie Unterkunft. Sonnenstuhl u. ich wohnten in der einen Gastwirtschaft mit 3 Offizieren vom Infanterie-Regiment 129 zusammen. Weiße hatte in Sensburg für reichliche Vorräte u. sogar für … Bier gesorgt. Dazu fanden wir köstliche Betten mit tadellosen Sprungfedermatratzen. Mehr kann man im Kriege wirklich nicht verlangen. Leider war an den Tagen bzw. Nächten, wo wir Betten hatten, die Nachtruhe sehr kurz.

[60] Montag [7.9.14] marschierten wir über Rhein[128] nach Lötzen[129]. 2,5 km nordöstlich Lötzen gingen wir in eine Beobachtungsstellung.[130] In Lötzen erhielten wir die freudige Nachricht, dass von unserer Armee 2 Millionen Rubel erbeutet seien u. diese auf die Offiziere u. Mannschaften verteilt werden sollen. Jeder eine 7-tägige Löhnung bzw. Gehalt, das sind für mich rund 140 M; immerhin mitzunehmen.

In Lötzen waren Ehrenpforten „Ein herzliches Willkommen dem siegrichen Heere" errichtet worden u. die Häuser mit Fahnen geschmückt. Die kleinen Mädchen verteilten Blumen. Wir dachten schon, der Krieg sei vorbei. Ferner erfuhren wir die spaßige Geschichte von den russischen Parlamentären u. dem schleunigen Rückzug der Russen nach der Feuereröffnung.[131]

---

124 Imionken: Gutsbezirk 2,5 km nordöstl. von Lötzen.

125 Sorquitten (pol. Sorkwity): Das Dorf liegt auf einer Landzunge zwischen dem Sorquitter See und dem Gehlandsee.

126 Sensburg (pol. Mragowo): 20 km südl. von Rastenburg, 60 km östl. von Allenstein am Rand der Masurischen Seenplatte. Erich schreibt Sensberg; den Ort gibt es aber nicht.

127 Königshöhe (pol. Uzranki): Kreis Sensburg.

128 Rhein (pol. Ryn): südl. von Rastenburg.

129 Lötzen (pol. Gizycko): am Löwentinsee, 90 km nordöstl. von Allenstein.

130 „Auch östlich Lötzen, das sich inzwischen gegen feindliche Angriffe tapfer gewehrt hatte, sah es zunächst nicht gut aus. Das XVII. A. K. sowie die 1. und 8. Kav. Div., die durch die Feste vorgegangen waren, kamen in dem Seengelände nordöstlich davon am 8. und 9. September nur langsam voran. Sie hatten bei Kruglanken: [18 km nordwestlich von Angerburg] und Posessern und Possern schwer zu kämpfen." Ludendorff a.a.O., S. 48f.

131 „Am 10. September früh kam die entscheidende Nachricht, dass der Feind in der Nacht vor dem I. und XVII. A. K. am 9. abends seine Stellung geräumt habe. Das Korps sei in sie eingedrungen und beabsichtige, weiterzumarschieren. (…) Ein großer Erfolg war wiederum

Ilse hatte ich bereits von Thorn geschrieben, dass ich auf nichts einginge, sondern unbedingt an den gesetzlichen Bestimmungen u. den allgemeinen in Köln üblichen Mietkontrakten mich halten muss. Wenn ich Zeit habe, werde ich ihm mitteilen, dass ich die Erledigung Seub übertragen habe.

[61] Die Russen haben eine große Stellung Wehlau[132] – Gerdauen[133] – Angerburg[134] – Haarzen[135] – Possessern[136] besetzt. Unser Korps geht noch heute zum Angriff auf Haarzen – Possessern vor.

Für jetzt genug. Sei Du u. die Jungens innig lieb umarmt u. geküsst von

Deinem Mann.

---

errungen, aber noch keine Entscheidung. Die russische Armee war noch keineswegs geschlagen. Nordöstlich Lötzen hatten wir nur örtliche Erfolge. Es kam darauf an, mit aller Energie frontal zu folgen und in den zurückweichenden Feind hineinzustoßen, während der Umfassungsflügel östlich der Romintischen Heide gegen die Straße Wirballen – Kowno vorging." Ludendorff a. a. O., S. 49f.

[132] Wehlau (russ. Snamensk): nördl. von Allenburg an der Mündung der Alle in den Pregel; Verwaltungsbezirk Kaliningrad.

[133] Gerdauen (russ. Schelesnodoroschny): südl. Allenburg zw. Insterburg und Allenstein; Verwaltungsbezirk Kaliningrad.

[134] Angerburg (pol. Wegorzewo): nördl. von Lötzen.

[135] Haarzen (pol. Harsz): 11 km südl. Angerburg

[136] Possessern (pol. Pozezdrze): 12 km von Angerburg und 10 km nordöstl. von Lötzen.

[62] Matzkutschen[137], 14.9.14
10 km südwestlich Eydtkuhnen[138], 2 km von der Grenze entfernt.

Die vorige Woche war sehr ereignisreich und anstrengend, aber es hat sich wohl gelohnt. Am 7. war der Durchzug durch Lötzen, am 8. sollten wir gegen die zurückgebogene linke Flanke der gegnerischen Stellung Wehlau – Gerdauen – Angerburg vorgehen. Unsere Division sollte im Besonderen den Teil Wiesental[139] – Possessern angreifen. Die Russen sollten an der Stellung 3 Tage gearbeitet haben, tatsächlich hatten sie, wie sich später herausstellte, bald 3 Wochen dazu Zeit gehabt.

Gegen 3.00 Uhr nachmittags wurden die Batterien vorgezogen von Tannenheim[140] aus u. gingen südlich Höhe 175 (nordöstlich Pietzarken[141]) in Stellung. Wir glaubten von der Höhe 175 eine prachtvolle Beobachtung zu [63] haben, leider war aber fast nichts zu sehen, vor allen Dingen fehlte von der Kirche Possessern auch nachts fast jede Beobachtung. Nach Fliegererkundung sollten an 4 Stellen Artillerie sein. Der Batterie wurde die Gruppe südwestlich Wiesental zugewiesen. Das Feuer wurde um 3.45 Uhr nachmittags mit 6000 m eröffnet und gefeuert. Es war zunächst nichts zu sehen. Bald nach unserer Feuereröffnung begrüßten uns die Russen durch lebhaftes Schrapnellfeuer. Ich glaubte schon, die Batterie würde stärkere Verluste an Mannschaften u. Pferden haben, es wurden aber nur 2 Mann von einer anderen Batterie leicht verwundet, da die Schrapnells sehr hoch krepierten. Da selbst mein Beobachtungsoffizier nach längerem Schießen keine günstigere Beobachtungsstelle fand, entschloss ich mich, selbständig auf die Artillerie, von der ich das auf uns gerichtete Feuer erwartete, das Feuer zu eröffnen. Zu sehen war diese Artillerie auch nicht, es musste deshalb wieder gestreut werden.

[64] Im Verlaufe des Nachmittags wurde noch bis zum Abend nach vermuteter Artillerie u. dem Dorf Possessern gefeuert, ebenso die Nacht durch. In der Nacht hörten wir von Zeit [zu Zeit] das Abfeuern einer Salve von 4 schweren Geschützen, von diesen kam 1 Schuss immer in unsere Nähe. Ein ungemütliches Gefühl; wir glaubten, es sei von einem falsch gerichteten Geschütz unseres 20. Armeekorps. Näher kam der Schuss jedoch glücklicherweise nicht.

---

137 Matzkutschen (russ. Malo-Nekrassowo): Landkreis Stallupönen; Verwaltungsbezirk Kaliningrad.
138 Eydtkuhnen (russ. Tschernyschewskoje): Kreis Stallupönen, 40 km östl. von Gumbinnen; Verwaltungsbezirk Kaliningrad an der Grenze zu Litauen.
139 Wiesental (pol. Przerwanki): 15 km südöstl. Angerburg.
140 Tannenheim: in unmittelbarer Nähe südl. Spiergsten (pol. Spytkowo).
141 Pietzarken (pol. Pieczarki): 7 km südl. von Angerburg.

Am 9. September wurde um 4.00 Uhr Vormittag das Feuer mit allen 4 Batterien nach Possessern eröffnet. Vorgeschoben war bereits am Abend vorher Leutnant Lotzow als Beobachter. Ich schoss eine Zeit lang nach seinen Beobachtungen nach dem Dorf u. nach der Artillerie, die dicht links der Kirche aufgefahren sein sollte. Gleichzeitig schickte ich aber Weiße fort, um eine Beobachtungsstelle zu suchen. Weiße meldete mir bald, er hätte an dem linken anderen Abhange der Höhe solche gefunden. Die Beobachtungsstelle wurde deshalb [65] dorthin verlegt. Hier erkannte ich bald die ausgebaute Infanteriestellung des Gegners u. eröffnete auf diese das Feuer. Das Schrapnellfeuer des Gegners war sehr schwach, solange kein Schild da war, duckten wir uns an die Höhe u. sonst hinter den Beobachtungsschild.

Gegen 6.00 Uhr Vormittag kam der Major zu mir u. sagte, ich möchte doch die vorgeschobene Beobachtungsstelle übernehmen u. von dort das Feuer der 1. u. 2. Batterie leiten. Ich empfand die Störung im Augenblick wenig angenehm, zumal ich der Ansicht war, von der augenblicklichen Stelle genug sehen zu können. Die Beobachtungsstelle wurde also in die bis dahin vorderste Linie der Infanterie verlegt. Lotzow hatte sie in einer Scheune des Gehöftes 2,5 km südlich Possessern westlich der Straße Spiergsten[142] – Possessern sehr geschickt eingerichtet. Er hatte eine kurze Reihe Dachpfannen abreißen lassen. Wir waren uns allerdings alle klar darüber, dass wir, sollte ein Geschoss [66] in die Scheune einschlagen, wir alle rettungslos verbrannt wären. Hier nahm ich mit der 1. u. 2. Batterie systematisch die Infanteriestellung und das Dorf vor. Meine Absicht war, beides so niederzukämpfen, dass unsere Infanterie entweder an die geräumte Stellung oder an einen vollständig erschütterten Gegner käme. Jede Batterie erhielt ein anderes Ziel, die Beobachtung übernahm ich allein, während mich die Offiziere nur im Gedächtnis unterstützen sollten.

Mit meiner Batterie nahm ich mir zunächst den dicht besetzten Schützengraben hinter der Kirche vor. Die erste Salve lag absichtlich weit und musste noch seitlich [im] Nachhinein korrigiert werden. Nach wenigen weiteren Schüssen war ich seitlich gut u. nach der Länge noch bis etwa 100 m fern. Man sah deutlich, dass die Besatzung des Grabens sich zwar zum größten Teil geduckt, viele aber noch in voller Größe [67] standen. Da kam die nächste Salve; noch ehe die Leute fortlaufen konnten, schlug sie mitten ein. Kurz darauf in voller Flucht die noch lebend gebliebenen Reste der Schützen. Nur einige wenige flohen erst später. Das Feuer wurde zunächst auf den rückwärtigen Hang der Schützengräben verlegt u. dann vom Schützengraben von 12½ zu 12½ m bis zum Dorf gefeuert. 3. u. 4. Batterie der Feldartillerie erhielten gleichzeitig Anweisung in u. hinter das Dorf zu schießen. Die Feldartillerie hatte ich besonders deshalb gewünscht, weil ich in

---

[142] Spiergsten (pol. Spytkowo): nordöstl. von Lötzen, zu dessen Landgemeinde es gehörte.

den Bäumen des Dorfes Leute zu sehen glaubte. Mit der 1. Batterie schoss ich in ähnlicher Weise östlich von der Kirche. Das Dorf brannte bald an vielen Stellen. Der Kommandeur vom 5. Grenadier Regiment war zweimal bei mir um seine besonderen Wünsche für das Feuer anzugeben. Das Regiment sollte zu beiden Seiten der Straße stürmen, Ich sagte ihm, ich würde das Feuer so mit den beiden Batterien abgeben, dass [68] es je nach dem Vorgehen der Infanterie um 25 oder 50 m nach vorwärts verlegt würde.

Endlich sollte die Infanterie vorgehen, bis dahin hatte sie etwa 1000 m von der Infanterie des Gegners gelegen. Mit dem Vorgehen eröffnete plötzlich eine feindliche Batterie flankierendes Feuer von links. Kurz darauf war der Kommandeur des Grenadierregiments wieder bei mir, ich möchte doch diese Batterie niederkämpfen. Ich konnte sie aber beim besten Willen nicht feststellen, noch in die Richtung, wo sie vermutet wurde, sehen. Die 3. u. 4. Batterien sollten deshalb nach den beiden vermutlichen Stellen (3 km nördlich Possessern u. östlich 147) schießen. Im Übrigen sagte ich dem Kommandeur, die Infanterie möchte etwas lebhafter mit dem Verlegen meines Feuers vorgehen. Dieses versprach er mir auch. Bald darauf sah man links etwa 500 Russen mit erhobenen Händen unseren Truppen entgegenkommen [69]. Diese sollen von einer Patrouille von 2 oder 3 Mann überrascht worden sein u. damit gleich die Flucht ergriffen haben.

15. September

Bevor ich weiter meine Erlebnisse erzähle, will ich, damit der Brief fortkommt, nur noch eins kurz erwähnen. Am 12. September marschierten wir von Kleszewen[143] nach Gawaiten[144]. Der Generalkommandeur hielt auf dem Kapellenberg[145]. Als wir dort vorbeikamen, kam ein Adjutant herangeritten u. rief: „Herr Hauptmann Pulkowski zum kommandierenden General!" Mahrenholz u. ich ritten hin. Exzellenz Mackensen saß im Auto, kam heraus, rief mich zu [sich] u. sagte: „Mein lieber Herr Hauptmann! Ihr Bataillonskommandeur hat gesagt, dass Sie in ganz besonderer Weise zu dem großartigen Erfolg Ihrer Waffe beigetragen haben. Ich habe Sie deshalb S. M. [Seine Majestät, Wilhelm II.] zum Eisernen Kreuz eingegeben [70]. S. M. hat mein Gesuch genehmigt." Mackensen übergab mir das Eiserne Kreuz u. sagte: „Ich gratuliere." Augenblicklich sind die Kreuze hier noch sehr spärlich u. persönlich werden sie sehr selten überreicht.

143 Kleszewen (pol. Kleszczewo): am Westufer des Hessen-Sees, 9 km südl. von Lötzen.
144 Gawaiten (russ. Gawrilowo): Kreis Goldap nordwestl. der Rominter Heide, 16 km östl. von Darkehmen; Verwaltungsbezirk Kaliningrad. Die Ortsbezeichnung kann nicht stimmen. Erich bleibt im Raum Possessern; Gawaiten ist ca. 86 km davon entfernt.
145 Kapellenberg: nördlich neben Kleszewen.

August v. Mackensen, General des XVII. Armeekorps
Familienalbum: signiertes Bild

Matzkutschen, 15.9.14 Nachmittag

Als ich die vorgeschobene Beobachtungsstelle besetzt hatte bei Possessern, passierte eine sehr niedliche Geschichte. Der Kommandeur von dem 5. Grenadierregiment war gerade bei mir u. sagte, besonders nahe dem Regiment auf der Straße unmittelbar hinter der Kirche [gäbe es] Schwierigkeiten. Ich sagte darauf „Herr Oberst, in einer Viertelstunde ist der Schützengraben geräumt." Der Oberst war kaum fort, da konnte ich ihm schon melden lassen, dass der Schützengraben vollständig [71] geräumt sei.

Von etwa 9.00 Uhr vormittags bis nachmittags 4.30 Uhr feuerte ich ununterbrochen mit der 1. u. 2. Batterie. Die dauernde Beobachtung war sehr anstrengend, zumal ich die Nacht vorher überhaupt nicht geschlafen hatte. Glücklicherweise hatte ich aber eine Flasche Rum mitnehmen lassen u. ferner hatte Lotzow in dem Gehöft für Mittagessen (Huhn) gesorgt. Der Alkohol hielt die Nerven auf der Höhe. Gegen 4.30 Uhr nachmittags erfolgte endlich der Sturm. Die Infanterie ging fast ohne Schuss in die Stellung. Nur am [72] Bahnhof, wohin ich nicht genügend sicher beobachten konnte u. deshalb vorsichtiger – um die eigene Infanterie nicht zu gefährden – schießen musste, war noch etwas mehr zu tun.

Nach dem Sturm ritt Lotzow in die feindliche Stellung u. erzählte nachher, es hätte furchtbar dort ausgesehen. In einem Unterstand, in den eine Granate eingeschlagen hatte, sollen allein 30 Tote gelegen haben. Verwundungen sollen bei diesen nicht viel gesehen [worden] sein, es habe den Anschein gehabt, als ob sie der Schlag getroffen habe.

Ich begab mich zur Batterie zurück, dort erhielt das Bataillon den Auftrag, mit 2 Batterien (3. u. 4.) vorzugehen bis Höhe 138 südlich Possessern, um [73] den Gegner, der sich bei Przytullen[146] noch mit 2 schweren Batterien festgesetzt haben sollte, zu vertreiben. Die 1. u. 2. Batterie sollten die Straße nach Kl. Strengeln[147] so weit wie möglich mit Verfolgungsfeuer belegen. Wir suchten uns die Wegegabel bei Karlsberg[148] als Beschießungspunkt aus. Richtung wurde auf der Karte genommen u. gefeuert. Ebendahin sollte die 10 cm K. [Kaliber-] Batterie, die aus Lötzen herangezogen war, schießen. Nach 3 – 4 Salven ein wüstes Gebrüll von Ferne, sofort Artilleriefeuer einstellen, es werden eigene Truppen beschossen. Die Infanterie war über Possessern hinausgegangen ohne Wissen der Division. Leider war diesmal unser Schießen selbst nach der Karte zu gut. Eine Salve war mitten in ein Infanteriebataillon geschlagen. Wieviel verletzt sind, habe ich bisher nicht erfahren, jedenfalls [74] war es aber höchst überflüssig u. hätte bei besserer Befehls- u. Nachrichtenübermittlung völlig vermieden werden können. Bei Dunkelheit bezogen die 4 Batterien Biwak bei Höhe 138 südlich Possessern.

Am 10. September fuhren die 3. u. 4. Batterie früh in Stellung bei 138 u. unterstützten das Vorgehen gegen Przytullen, von dort kam Feldartilleriefeuer. Später erfuhren wir, dass diese eine Batterie stehen gelassen hatten.

---

146 Przytullen (pol. Przytuly): Landkreis Angerburg, 5 km nordwestl. Possessern.
147 Klein Strengeln (pol. Stregielek): Kreis Angerburg, 4 km nördl. Possessern.
148 Karlsberg (pol. Sapieniec): Kreis Angerburg, zw. Possessern und Przytullen.

Die 1. u. 2. Batterie bzw. ich erhielten den Befehl, das Feuer gegen die Enge bei Ogonken[149] zu eröffnen, da von Angerburg stärkere Kräfte im Anmarsch seien. Ich wollte zunächst durch das Dorf durch, um etwa in Höhe der Kirche in Stellung zu gehen. Wir mussten es aber aufgeben, da das Dorf auf dem gewünschten Wege durch Pferdekadaver und [75] Leichen vollständig gesperrt war. Die Batterien gingen deshalb unmittelbar südlich des Dorfes u. westlich der Straße in Stellung. Ich hatte wiederum mit der Karte die Richtung genommen u. der 1. Batterie gleichzeitig eine Richtung um etwa 20/16 = etwa 100 m nach der Entfernung weiter links gegeben. Ferner hatte ich mich mit Thomas geeinigt, dass die 1. Batterie die 50 m-Entfernungen u. die 2. Batterie die 100 m-Entfernungen belegen sollten. Es wurde dann ein Raum von 2000 m nach der Länge unter Feuer genommen. Kurz darauf kam von vorne die Mitteilung, dass Ogonken von 4 Kompanien besetzt u. befestigt sei. Die Husaren wären nicht durchgekommen. Ferner seien die Höhen westwärts Ogonken besetzt. Thomas u. ich sagten schon, wer weiß, wie lange die da wohl sein mögen. Bald darauf [76] wurde ich mit dem Auto zum Kommandanten gerufen, um ihm Auskunft über das Schießen zu geben.

Mittel Jodupp[150], 17.9.14 – in der Rominter-Heide[151]

Exz[ellenz] war sehr guter Laune. Ich sagte, wir beschießen die Enge u. die Höhe dahinter, da aber die Besetzung so gering sei, würden wir nur geringe Munition verfeuern. Später sollten wir die über Ogonken vorgehende Brigade unterstützen, aber zur Verfügung des Korps bleiben. Ich benutzte die Gelegenheit Exz. auf die Wirkung der schweren Artillerie gegen Possessern aufmerksam zu machen. Exz. fragte, ob er noch etwas davon sehen könnte. Ich bejahte dieses u. sagte, ich würde einen Offizier zur Führung sofort schicken. Ich selbst war noch nicht zu diesem [77] Zweck fortgekommen, weil mir der Anblick unangenehm war. Sonnenstuhl übernahm die Führung von Exz. Die beiden Batterien feuerten nur noch etwa alle halbe Stunde eine Salve ab, und zwar gegen die Höhen, um die Enge nicht vollständig für den Verkehr unbrauchbar zu machen. Später benutzte ich nun doch die Gelegenheit, mir unsere vernichtende Wirkung anzusehen. In den

---

[149] Ogonken (pol. Ogonki): am Schwenzaitsee und am Groß Strengeler See 6 km nordwestl. von Angerburg.

[150] Mittel Jodupp (pol. Czarnowo Srednie): im Südwesten der Rominter Heide, nordöstl. von Goldap. Der Ort existiert heute nicht mehr.

[151] Rominter Heide oder Romintensche Heide (russisch Krasny Les, polnisch Puszcza Romincka) ist ein 210 km² großes Hügel-, Wald- und Heidegebiet im Südosten des russischen Verwaltungsbezirks Kaliningrad sowie des nordöstlichen polnischen Verwaltungsbezirks Ermland-Masuren.

Schützengräben, gegen die ich mit der 1. Batterie geschossen hatte, war unmittelbar kein Volltreffer zu sehen. Trotzdem zeigten einige Russen entsetzliche Verwundungen, eine ganze Reihe saß dagegen so im Graben, als ob sie sich vor den Schüssen niedergeduckt hätten, eine Verwundung war bei diesen nicht zu sehen. Meines Erachtens sind sie infolge der großen Erschütterung beim Krepieren der Geschosse vom Herzschlag betroffen worden. Exz. hatte bereits Befehl erteilt, den gefallenen [78] 5 Grenadieren ein Grab mit einem Kreuz zu geben u. die Schützengräben mit den Russen zuschütten zu lassen.

Am Dorf dicht neben der Kirche stand wirklich die gemeldete Feldartillerie, ich hatte an ihr Vorhandensein nicht recht geglaubt. Die Batterie war vollständig unbeschädigt geblieben, sie soll bis zum Sturm gefeuert haben u. im Sturm von der Infanterie genommen worden sein. Der betreffende Offizier – ich glaube Oberleutnant Schulz – erhielt von Exz. persönlich das Eiserne Kreuz überreicht. Die Batterie war vollständig eingegraben, die einzelnen Geschützstände durch tiefliegende eingegrabene geduckte Gänge verbunden, bei jedem Geschütz u. in den Gängen waren Unterschlüpfe für die Mannschaften.

An der Kirche lagen die zusammengebrochenen Pferde u. Protzen mit den Fahrern. Die weitere Schilderung will ich mir hier sparen, unser Doktor will sie machen.[152] Jedenfalls war es [79] entsetzlich. Die Bevölkerung des Dorfes war zum großen Teil nicht fortgekommen, sie hatte sich in die Keller während der Beschießung geflüchtet. Eigenartigerweise sollen von diesen nur 2 getötet sein, trotz des heftigen Granatfeuers u. des Brandes. Beide sollen auf dem Felde, als sie das Vieh losmachen wollten, getroffen sein.

Gegen 12.00 Uhr mittags marschierte die Brigade Engelbrecht ab, wir warteten darauf, sie unterstützen zu müssen. Weiße und Sonnenstuhl ritten vor zur Verbindung u. um eine Beobachtungsstelle zu suchen. Leider war [dies] nicht mehr nötig, denn die Enge bei Ogonken u. auch die hinteren Höhen war[en] nach unserer Feuereröffnung sofort geräumt worden. Bald darauf erfuhren wir noch, dass der Gegner im vollen Rückzuge von Angerburg sei. Die 3. u. 4. Batterie sind auf ihn noch einige Schuss losgeworden. Weiße und Sonnenstuhl waren bei ihrem [80] Ritt noch nach Charlottenhof[153] südlich Ogonken gekommen. Hier fanden sie im Garten ein vollständiges Zeltlager, das in aller Eile verlassen war, vor. Bei unserem Feuer war es verlassen worden. Er brachte unserer Batterieeinheit für jedes Pferd eine Zeltbahn zum Eindecken, es waren gegen 120 Stück.

---

152 Eine genauere Beschreibung der verheerenden Wirkung des Artilleriefeuers auf die fliehenden russischen Verbände verfasste der Regimentsarzt Dr. Hans Knopf. Siehe Kapitel „Berichte" im Anschluss an die Tagebuchaufzeichnungen.
153 Charlottenhof (pol. Dziaduszyn): südwestl. von Ogonken.

Nach dem Essen marschierten die 1. u. 2. Batterie über Klein und Groß Strengeln[154] nach Brosowkenberg[155], dort wurde gemeinsam mit der 3. u. 4. Batterie biwakiert.

Am 11. September wurde vormarschiert (35. Infanterie Division)[156] über Gronden[157] – Popiollen[158] – Benkheim[159] – Janellen[160] – Rogahlen[161] – Andinischken[162] – Gleisgarben[163] – Jagotschen – Petrelskehmen[164]. Leider ging es nicht ebenso schnell, wie dies hier geschrieben ist. In Rogahlen war hinter dem Dorfe ein kurzer Halt. Diesen benutzten einige Infanteristen dazu, mit einer in einem Handtuch befindlichen Dynamitpatrone zu finden[!] [81] u. damit zu spielen. Der Erfolg war leider sehr groß. Ein Mann tot, 2 schwer verletzt u. gegen 15 Mann leichter verletzt. Bei Rogahlen erhielten das Bataillon u. die leichte Kolonne feindliches Schrapnellfeuer. Ein Ausweichen war nicht möglich, es hieß daher stehen bleiben. Jedenfalls ist es mit das grässlichste Gefühl, beschossen zu werden u. sich nicht rühren [zu] können. Vom Bataillon wurden nur 2 – 3 Mann leicht verwundet. Die Russen hatten die Staubwolke gesehen u. schossen bzw. streuten dagegen.

Film V.

1 – 5: Possessern

6: Frühstück in Mittel Jodupp bei Herrn Westermann.

Film VI: 1 Myrte

2, 3: Mittel Jodupp unser Salon u. Schlafzimmer.

---

154 Klein Strengeln (pol. Stregielek): östl. vom Klein Strengelner See; Groß Strengeln (pol. Stregiel) an dessen Nordostufer.

155 Brosowkenberg (pol. Brzozowska Góra): 9 km südl. von Angerburg.

156 „Die Truppen traten an neue Aufgaben heran. Sie hatten auf vielen Marschstraßen mit enger Verbindung untereinander dem Feind rastlos zu folgen und, wo er standhielt, anzufassen. (…) Die Marschrichtung für die einzelnen Teile waren (…) etwa folgende: (…) XVII. A. K. hart nördlich der Romintischen Heide auf Wyschtynjetz. (…) Die Leistungen der 8. Armee waren hervorragend. Der ganze Vormarsch, der in vier Tagen weit über 100 km gewann, war ein glänzender Siegeszug dieser durch lange Kämpfe und Anstrengungen aller Art hart mitgenommenen Truppen." Ludendorff a. a. O., S. 50f. Erich notiert in seiner Chronologie der Gefechte: „13. – 14. September: Verfolgung bis Wirballen."

157 Gronden (pol. Grady Wegorzewskie): am Westufer der Goldap, 12 km südwestl. von Angerburg.

158 Popiollen (pol. Popioly): 14 km südwestl. von Angerburg.

159 Benkheim (pol. Banie Mazurskie): 20 Kilometer östl. von Angerburg, 18 km westl. von Goldap.

160 Janellen: nördl. unmittelbar neben Benkheim.

161 Rogahlen (pol. Rogale): 6 km von Benkheim, 6 km südl. der polnisch-russischen Staatsgrenze.

162 Andinischken (pol. Andyniski): 3 km nördl. von Rogahlen.

163 Gleisgarben/Jagotschen (pol. Jagoczany): nordöstl. des Gleisberger Sees, 15 km westl. Goldap.

164 Petrelskehmen (pol. Pietraszki): 9 km östl. von Goldap.

Wer weiß, wann es wieder losgeht; in Kürze will ich deshalb die Ereignisse der letzten Tage berichten.

Gleich hinter Rogahlen hielt die Marschkolonne wieder. Wir waren mit der Spitze des Bataillons an einer freien Wiese angekommen. Um nun das Ende des Bataillons u. die 1. Munitionskolonne aus dem Schrapnellfeuer zu ziehen, zogen wir das Bataillon auf dem freien Platze zusammen, die 1. Munitionskolonne schloss auf. Hier kam zunächst Befehl für die Rast. Dieser Befehl war gegen 10.30 Uhr abgegangen, hatte uns aber erst gegen 1.00 Uhr erreicht. Kurz darauf kam Befehl, dass Batterieführer u. Batterien vorkommen sollten. Das nun Folgende war uns allen noch nicht passiert. Die Infanterie hatte [83] die Höhen besetzt u. begann mit dem Ausheben von Deckungen, unser Bataillon wurde an der feindwärts gelegenen Seite unweit der Höhen vorbeigezogen. Die Geschichte war jedenfalls mehr als eigenartig. Als wir zum Major kamen, hatte die Feldartillerie bereits auf der Höhe Jagotschen das Feuer auf einen Gegner im Westen eröffnet. Wir fuhren zunächst in eine Bereitstellung südlich Jagotschen, eröffneten aber dann auch auf im Westen ankommende Kolonnen das Feuer. Das Feuer [des Gegners] wurde nun von dieser Seite nicht eröffnet, sondern wir bekamen direkt von rechts Schrapnellfeuer. Mit dem Feuer (etwa von 1 Batterie) wurden unsere Beobachtungsstelle u. unsere Batterie bedacht. Wir drehten unsere Schilde halb rechts. Immerhin war das Flankenfeuer ungemütlich. Bald stellte sich heraus, dass geradeaus unsere Truppen waren u. der Gegner [84] tatsächlich zu uns in der Flanke stand. Die Infanterie wurde nunmehr richtig eingesetzt, entbehrte aber vorläufig jeder Artillerieunterstützung. Kurze Zeit darauf meldete mir Sonnenstuhl, dass ein Infanterieoberst zur Batterie geschickt habe, dass vorher eine feindliche Batterie aufgefahren sei, die wir doch unter Feuer nehmen sollten. In der Batterie machte sich noch das Flankenfeuer des Gegners fühlbar. Bekanntlich, dieses ist mir von verschiedenen Seiten gesagt worden, halten die russischen Schützen nur ihr Gewehr über die Deckung u. feuern dann. Die Schüsse treffen daher nicht den [gegnerischen] Schützen, sondern gehen 2000 – 3000 m weit u. treffen häufig hier. Ich sagte nun zur Batterie, Hein, mein Richtungsoffizier, sollte vorgehen zur Infanterie, die Richtung nach der Batterie haben. Weiße schickte ich auf die Suche nach Beobachtungsstellen. Mahrenholz fragte ich nun, ob ich Stellungswechsel machen dürfte, [85] Mahrenholz verneinte es, aber mit der Begründung, dass es schon schlimm genug sei, dass die eine Batterie u. die geringe Infanterie fast die ganze Division zur Entwicklung gezwungen hätten, die Feldartillerie könne mit der einen Batterie wohl allein fertig werden. Ich konnte dem Gesagten im Augenblick nur beistimmen.

Kurz darauf erhielt ich von der Batterie die Nachricht, dass von der Infanterie nochmals geschickt wäre, wir sollten eingreifen, die eigene Infanterie müsse bereits zurück. Letzteres war allerdings, wie ich nachher erfuhr, nicht der Fall gewesen. Ich ließ nun die Batterie einrichten u. Frontveränderung vornehmen. Dann meldete ich Mahrenholz den Vorgang u. gleichzeitig, dass ich zur Infanterie mit der Beobachtungsstelle vorgehen würde, um diese zu unterstützen. Mahrenholz hatte nichts mehr dagegen. Die Batterie war inzwischen herumgewendet worden u. hatte bereits, als ich ankam, Streufeuer gegen die mutmaßliche Artillerie eröffnet.

[86] Mittel Jodupp, 19.9.14 Sonnabend.

Mit Hein u. Heidemann, der sich übrigens sehr bei mir hält, ritt ich zum Kirchhof
von Jagotschen vor. Fernsprechverbindung war noch nicht vorhanden. Ich veranlasste deshalb die dort befindliche Infanterie-Kompanie eine Rufverbindung
einzurichten. Noch einmal würde ich dieses aber nicht tun, da es nicht ging. Hein
musste ich deshalb nochmals mit dem Feuerbefehl zurückschicken. Gleichzeitig
wurde Funksprechverbindung gelegt.
    Am Kirchhof schlugen die Infanteriegeschosse ziemlich dicht ein u. ich
glaubte kaum, ohne irgendeinen Denkzettel davonzukommen. Es war ein sehr
ungemütliches Gefühl. Von den Einschlägen unserer Geschosse sah ich nichts,
trotzdem dauernd fest in Salven gefeuert wurde, einen Befehl konnte ich nicht
übermitteln.
    [87] Die Zeit, bis ich Fernsprechverbindung hatte, erschien mir endlos. Bald
stand ich nun hinter einer Birke oder einem eisernen Kreuz oder hinter dem
Friedhof. Von Zeit zu Zeit ging eine Schrapnellsalve über mich her. Einmal
schlug dicht – etwa 2 Schritt entfernt – ein Feldartilleriegeschoss zwischen Heidemann u. mir ein. Zum Glück ging das Geschoss blind, sonst wäre es um uns
beide sowie um Mairose[165] u. den Schimmel geschehen gewesen. Endlich kam die
Fernsprechverbindung. Um die eigenen Schüsse beobachten zu können, feuerte
ich auf ganz kurze Entfernung. Jetzt merkte ich, woran es lag. Die meisten
Schüsse gingen infolge des ungünstigen Aufschlagsgeländes blind. Daher feuerte
ich von jetzt ab nur noch mit Verzögerung.[166] Von der gegnerischen Feldartillerie
war nichts zu erkennen, deshalb nahm ich mir zunächst die Infanterie vor. Um
das unangenehme Infanterie- u. Maschinengewehrfeuer zu beseitigen, ging ich
mit dem Feuer bis auf [88] die vorderste feindliche Infanterielinie zurück. Das
Feuer hörte sehr bald auf. Als ich auf 1200 m zurückging, ging plötzlich auch ein
Zug unserer eigenen Infanterie zurück, obwohl die Schüsse noch mindestens 200
– 300 m entfernt aufschlugen. Wir hatten sie aber bald wieder vor. Alle Augenblicke kamen nun Offiziere u. Unteroffiziere der Infanterie u. Feldartillerie zu mir,
um die besonderen Wünsche auszusprechen; es waren so viele, dass ich längst
nicht alle erfüllen konnte. Selbst Mahrenholz kam für kurze Zeit vor. Als Stellungswechsel gemacht wurde, erklärte ich ihm, dass ich nicht mitkommen würde.
Meine Anwesenheit bzw. die der Batterie sei dringend erforderlich. Der Wunsch
wurde gewährt. Nun wurden die entfernt gelegenen Schützengräben u. die mutmaßliche Artilleriestellung unter Feuer genommen. Erstere hatte ich bald so weit,

---

[165] Erichs Pferd.
[166] Je nach Zünder kann das Geschoss über dem Ziel, im Moment des Aufschlages oder mit-
       tels Verzögerung nach Eindringen in das Ziel zur Detonation gebracht werden.

dass sie in wilder Flucht verlassen wurde. Auf mein lautes Geschimpfe [89] beteiligte sich auch die Feldartillerieabteilung von Prieber an dem Schießen. Es kann einen zur Wut bringen, wenn so prachtvolle Ziele, wie stehende Russen, die nach der Beschießung sofort wieder die Gruben besetzen, unbeschossen bleiben. Ich will hier nicht wieder über die Feldartillerie sprechen; mehr wie einmal habe ich mich jedoch gefragt, wozu ist sie überhaupt da. Selbst von Feldartilleristen ist uns so manches Mal gesagt worden, wie wäre es ohne die schwere Artillerie gewesen? Die Wirkung der Feldartillerie ist gleich null. Nur gegen vorgehende oder fliehende Truppen ist sie noch wirksam. Da es bei den Russen im Allgemeinen nur eingegrabene Infanterie u. Artillerie gibt, ist zu Beginn u. während des Gefechts, also zur Entscheidung, von der Feldartillerie nichts zu machen. Erst nachdem die Feinde fliehen, können sie – falls sie aufgesessen – mitwirken.

[90] Gegen 5.30 Uhr Nachmittag erhielt die Batterie Befehl, sich zum Bataillon heranzuziehen. Es war kaum Zeit, den Leuten Essen zu geben, sie hatten 12 Stunden ohne jede Verpflegung durchgearbeitet.

Kl. Daniellen[167], 20.9.14 – 15 km nördlich Marggrabowa[168]

Hier ein Bild des entsetzlichen Jammers; man könnte fast das Heulen bekommen. Die Russen sollen hier auf dem Gute nur 3 Tage, die Flüchtlinge deutscher Nation aber länger gehaust haben. Auf dem Hof zwei totgeschlagene Schweine, im Stall ein verhungertes stinkendes Pferd. Hier im Haus die Einrichtung eines jungen Ehepaares zerschlagen u. alles nur Brauchbare mitgenommen. Von dem ganzen Essgeschirr u. den Gläsern nur ein trauriger Rest von 4 Gläsern, [91] alles andere fort. Die Betten sämtlich mitgenommen, nur die Gestelle hiergelassen. Dazu ein abscheulicher Schweinestall. Der große Saal ist als Pferdestall benutzt worden. Überall schlunziges Stroh, in dem einen Fremdenzimmer gefüllte Nachtgeschirre u. – man soll es nicht glauben – eine Waschschüssel bis oben gefüllt mit dem großen Geschäft bzw. Kot erwachsener Menschen. Wir alle hatten einen Ekel, überhaupt die Räume zu betreten u. wünschten uns in die ärmliche Hütte eines Bauern. Zwei Zimmer u. 2 Schlafzimmer haben wir leidlich gereinigt u. so geht es. Das Klavier ist unbeschädigt geblieben. Bolten spielt die wunderbarsten Sachen, zunächst stimmte es traurig, jetzt ist es schon besser. Wagner, Bellini wechselten mit anderer Radaumusik.

[92] Es war am 13. September, die Division war von Meldienen[169] den abziehenden Russen gefolgt. Ein entsetzliches Bild auf den Vormarschstraßen. Es war nach den gestrigen Gefechten keine Zeit geblieben, die Straßen aufzuräumen. Längs der Straßen u. auf dem Felde lagen die Toten in Mengen. Einer in Abflugstellung, einer in der Stellung zum Sprung aufwärts, manche halb kniend, viele mit dem Bajonett vor, um die stürmenden Deutschen aufzuhalten, einer dabei einen Kasten auspacken[d].

---

167 Daniellen (pol. Kowale Oleckie): 15 km nördl. von Marggrabowa.
168 Marggrabowa (pol. Olecko).
169 Meldienen: südl. von Gumbinnen, Kreis Goldap.

Vom deutschen Feuer erfasst. Bild aus Schäfer: a. a. O., S. 225.

Es war Verfolgung. Im Stillen hoffte ich aber doch, nicht mehr zum Schuss zu kommen. Wenn mich unter den mit uns Kämpfenden einer beschießt, dann bin ich gern auch dabei, aber auf fliehende Kolonnen zu schießen. Ich empfand ein[en] Ekel. Andererseits freute ich mich über jede größere Gefangennahme. Weiße [93] u. Unteroffizier Folger haben alleine 40 Gefangene gemacht. Die Rückzugsstraßen der Russen sahen wie immer aus, viel Lappen, Schmutz, fortgeworfene Waffen aller Art. Alle Augenblicke stehengebliebene Fahrzeuge.[170]

Es regnete seit langer Zeit, aber umso unangenehmer war es. Die Lehmwege waren, wie es allgemein bei Lehmwegen bei Regen üblich ist. Jedenfalls habe ich die Infanteristen in keiner Weise beneidet. Besonders haben [es] die Radführer nicht schön gehabt. Der Lehm setzte sich in Klumpen in die Seiten der Räder, Vorwärtsbringen nur mit großer Anstrengung möglich. Die gute Laune setzte

---

[170]   „Am 13. September hatte die Schlacht im Wesentlichen ihr Ende erreicht. (…) Es standen an diesem Tage etwa: (…) XVII. A. K. vorwärts der Linie Wyschtynjetz – Wirballen." Ludendorff a. a. O., S. 52. „Die Schlacht an den Masurischen Seen hat nicht die Anerkennung gefunden, die sie verdient. Es war ein großangelegter und planmäßig durchgeführter Entscheidungskampf gegen eine außerordentliche Überlegenheit; er war mit Gefahren verbunden, der Feind sich aber seiner Stärke nicht bewusst: Er nahm nicht einmal den Endkampf an, sondern entzog sich ihm durch übereilten Rückzug, der unter unserem Druck den Charakter der Flucht annahm." Ebenda S. 51.

aber ein, alle Augenblicke erscholl der Ruf „Radführer vor".[171] Je näher wir Stallupönen[172] u. Eydtkuhnen kamen, je größer war die Dringlichkeit.

[94] Kurz nach Budweitschen wurde gehalten, um die Gefangenen, das Kriegsgerät u. die Pferde zu sammeln. Mit gemischten Gefühlen sah ich, wie von der Fahrstraße eine schwere Fahrhaubitze mitgenommen wurde. Bald danach sagte mir ein Hauptmann, dass noch eine 15 cm-Haubitze in der Schlucht stünde. Leutnant Weiße wurde nunmehr beauftragt, die in der Schlucht stehende Haubitze zu beschaffen. Mit großen Schwierigkeiten u. großem Halloh brachte Weiße schließlich die Haubitze an.

---

[171] Dieser Satz ist ironisch gemeint.
[172] Stallupönen (russ. Nesterow): Die Stadt liegt im nordöstlichen Teil der historischen Region Ostpreußen, 12 km von der russisch-litauischen Grenze entfernt und etwa 25 km östl. von Gumbinnen.

[95] Griesen[173], 21.9.14: 15 [genauer: 18] km westlich Grabowa [Marggrabowa]

Der gestrige Abend wurde nachher sehr gemütlich. Bolten spielte dauernd, aber die schönsten Sachen. Es war ein Genuss, ihm zuzuhören. Es war so schön, dass ich um 4.00 Uhr bereits eine Stimmung für 8.00 Uhr hatte. Die schlechten Leute behaupteten, ich hätte das 1/8 [?] Bier alleine ausgetrunken.

Heute marschierten wir 7.45 Uhr Vormittag ab nach Griesen. Die Leute hier sind meistens deutlich entgegenkommend. Es fehlte uns daher an nichts. Essen gut u. reichlich, Getränke, dank der Fürsorge von Bolten, Viereck u. Weiße besonders gut. Sekt, Südwein, Rum, Arak, Rotwein, Bier, alles ist da noch für Tage. Soeben sind wieder Viereck, Weiße u. Dr. Knopf fort nach Grabowa, um neue Vorräte heranzuschaffen. Am meisten fehlten Zigaretten [96] u. Zigarren; da ich Pfeife fast ausschließlich rauche, merke ich darum fast gar nichts. Meine Tabakvorräte reichen noch länger.

Ich setze nun fort in der Erzählung vom 13. September.

Im Laufe des Tages brachte uns die Feldartillerie eine geladene schwere Feldhaubitze heran, eine dritte sollte die 4. Batterie [holen]. Am 15. September wurde die vierte Haubitze, die geladen von der Feldartillerie stehen gelassen war, noch herangeholt. Dazu hatten wir 20 Munitionswagen für 15 cm-Haubitzen u. 5 Munitionswagen für 12,5 cm-Haubitzen.

Am 15. September kam sich Exz. Mackensen die erbeuteten Geschütze anzusehen. Exz. erlaubte, die geladenen Geschütze abfeuern zu lassen u. versprach uns eine Haubitze für die Kaserne von Thorn. Meines Erachtens hatten die Russen aus diesen Geschützen nur wenige Schuss abgefeuert. In den Gefechten, die ich mitgemacht [97] habe, habe ich überhaupt keine schwere Feldhaubitze der Russen bemerkt. Die 15 cm-Munitionswagen, die wir zunächst erbeutet hatten, waren nicht nur voll beladen, sondern vollständig unberührt. Der neue Ölfarbenanstrich war ohne jede Beschädigung, die Behälter für die Kartuschen öffneten sich schwer. Aus den weiteren Munitionswägen war anscheinend die Munition nur herausgeworfen, um die Flucht besser zu bewerkstelligen.

Die schwere Feldartillerie der Russen hat ein Kaliber von 15 cm. Es ist ein modernes Schnellfeuergeschütz mit langem Rohrrücklauf. Das Rohr hat einen Schraubenverschluss. Zum Öffnen und Schließen wird ein Hebel nach links bzw. rechts bewegt, nachdem der Griff heruntergedrückt ist. Es genügt ein kurzer Griff. Der Nachteil des Schraubenverschlusses machte sich schon bei uns fühlbar. Ein Verschluss klemmte nämlich u. nun tritt [98] die Schwierigkeit des Öffnens

---

[173] Griesen (pol. Gryzy): 18 km westl. der Kreisstadt Olecko.

heran. Bei einem Keilverschluss kann man seitlich heranstoßen, bei einem Schraubenverschluss fehlt jeder Angriff. Es bleibt nur übrig, den Verschluss auseinanderzunehmen. Das Rohr gleitet beim Schuss auf einer langen Gleitbahn zurück. Der Rücklauf wird durch 3 Bremszylinder aufgehalten. Anscheinend befinden sich in den Zylindern Bremsflüssigkeit u. Federn. Auf dem Marsch wird das Rohr vorne entkuppelt u. ganz auf der Gleitbahn zurückgezogen. Es lagert so zwischen den Lafettenrädern u. den Rädern der Sattelprotzen. Als Richtmittel dient ein Guz'scher Rundblick-Trommelaufsatz. Die Aufsätze von den Geschützen waren zunächst sämtlich nicht vorhanden. Nach einigem Suchen fand man jedoch zunächst die Unteraufsätze u. dann auch die anderen. Ebenso war von den Verschlüssen der Abzug entfernt [99] worden. Die ganzen Unterteile waren aber liegengeblieben u. so war es eine Kleinigkeit, die Geschütze wieder brauchbar zu machen.

Bei dem Geschütz werden 5 Ladungen verwendet. Eine volle Ladung u. die Ladung 1 – 4. Bei Ladung 1 wird eine Teilladung, bei Ladung 2 zwei Teilladungen usw. aus der Hülsenkartusche, die mit einem Deckel geschlossen wird, entfernt. Auf der untersten großen Kartusche befindet sich eine Beiladung. Das Pulver besteht aus dem 8 cm langen u. 2 cm breiten dünnen Streifen. Größte Schussweite beträgt 7500 m. Der Aufsatzoberteil hat eine Teilung von 60 Einheiten, die feine Teilung gestattet außerdem eine Einstellung von 1/6000. An der Trommel wird die Ladung u. Entfernung eingestellt. Die erforderlichen Schießtafeln. [Dies erfordert Schießtafeln.] Seitenverschiebung steht [100] ober- oder unterhalb der Entfernung. Nach Herunterdrücken einer Gabel kann die Aufsatzstange herausgezogen werden. Eine schnelle Einstellung der Erhöhung des Rohres lässt sich jedoch nicht ausführen.

Nach der Seite ist das Geschütz um 45 Teile, also um rund 3° auf jeder Seite mit der Achse verschiebbar. An der Lafette befindet sich ein Klappsporn u. ein fester Sporn, sowie Schutzschilde. Die Munitionswagen bestehen aus Vorder- u. Hinterwagen. In jedem Wagen sind 22 Schuss (je 11 Schuss im Unter- bzw. Hinterwagen) verpackt. Auf den Munitionswagen können 4 Mann aufsitzen. Es ist daraus zu schließen, da beim Geschütz überhaupt keine Leute aufsitzen können, dass die Batterien sich nur im Schritt bewegen können. Zur Bespannung gehören 8 – 10 Pferde.

Am 16. September wurde auf rund 2000 m abgesperrt u. die beiden geladenen Geschütze abgefeuert. Es wurde die kleinste Ladung u. 1600 m Entfernung gewählt. Das Geschütz stand sehr gut. Die Wirkung des Geschosses ist etwa die gleiche wie bei unsern 15 cm-Haubitzen 96. Ein großes Loch, große Rippen-Sprengstücke u. die meisten Sprengstücke in dem großen Loch. Ein Sprengstück kam allerdings bis etwa 10 Schritt in die Batterie zurück. Im Übrigen ein Zufall, wie er bei unsern Granaten 04 auch eintritt.

Bei der von der 4. Batterie erbeuteten Feldhaubitze wurden die hinteren Enden der Gleitbahn mit den beiden Bolzen zum Halten des Rohres in der Marschstellung fortgerissen. Anscheinend hatten die Russen vergessen, die Bolzen vor dem Schießen zurückzuziehen u. waren ihnen diese mit den Enden der Gleitbahn beim ersten Schuss um die Ohren geflogen. [102] Das Aufsatzoberteil ist übrigens das gleiche wie bei dem russischen Feldgeschütz.

Am 16. September[174] rückten wir ab nach Mittel Jodupp. Der Marsch war nicht sehr groß, wurde aber dank der Feldartillerie bis gegen 2.00 Uhr nachts ausgedehnt. Die Wege waren zwar von dem Regen etwas aufgeweicht, ob dieses aber ein Grund dafür sein muss, dass die Feldartillerie mit 6 schweren Fahrzeugen steckenbleibt u. schwer beladene Lebensmittelwagen, die nur 2 Pferde haben, durchkommen, ist mir schleierhaft. Wenn Thomas u. ich nicht eingegriffen hätten, säßen wir vielleicht heute noch in der Rominter Heide.

In Mittel Jodupp blieben wir nur bis zum 20.9. früh. Es war ein grässliches Wetter u. leider mussten fast alle Pferde u. fast sämtliche Mannschaften biwakieren. Die Offiziere hatten bei dem tüchtigen Herrn Westermann u. seiner liebenswürdigen Frau Unterkunft gefunden.

---

[174] Auf Vorschlag General Ludendorffs beschloss die Oberste Heeresleitung am 16. September, den Hauptteil der 8. Armee zur unmittelbaren Unterstützung der k. und k. Armee nach Oberschlesien zu schicken. Diese Teile, u. a. das XVII. Armeekorps, bildeten die 9. Armee.

[103] Stasswinnen[175], 24.9.14
südlich Lötzen

Mein liebes Frauchen!

Heute erhielt ich von Dir den Brief vom 9. u. 3.9 u. Zigarren sowie Schokolade.
Für alles habe innigen Dank. Wir freuen [uns] über jedes liebe Wort u. über jede
Sendung aus der Heimat. Das Interessante wird immer allgemein vorgelesen. Die
Kölnische Zeitung kommt zwar etwas spät, doch steht eine Menge über den Wes-
ten darin, jedenfalls weit mehr, als wir aus den Danziger Nachrichten erfahren.
    Brandeis hat leider ein sehr trauriges Ende gefunden. Ein Tag nach seiner
Abreise von Thorn brach bei ihm Verfolgungswahnsinn in Verbindung mit Grö-
ßenwahnsinn aus. Den Gartenzaun seiner Wohnung, der etwa 1 Meter hoch war,
ließ er um etwa 30 cm erhöhen. [104] Den Hebel für elektrisches Licht zum Ein-
u. Ausschalten soll er in sein Herrenzimmer verlegt haben. An dem betreffenden
Abend hat er in seinem Wahnsinn auf Frauen auf der Straße geschossen u. dabei
zwei verletzt. Nachdem er dieserhalb beim Gouverneur war u. 1 geladene Pistole
abgeliefert hatte, wurde er später in seiner Wohnung von Oberleutnant Schulz,
der ihn gut kannte u. zum Lazarett bringen sollte, mit mehreren geladenen Jagd-
gewehren u. Pistolen in seiner Wohnung angetroffen. Mit vieler List konnte er
nur in das Lazarett geschafft werden. In Berlin wird er wohl seinem Leben ein
plötzliches Ziel gesetzt haben; Näheres haben wir hier nicht erfahren, doch klang
es so aus der Todesanzeige. Die Frau kann einem fürchterlich leidtun.
    Übrigens, wenn Du glaubst etwas an die Kölnische Zeitung von meinen
Artikeln loszuwerden, tue das ruhig. Namen u. alle etwaigen Anhaltspunkte in
betreff [105] der Führung u. in Bezug auf den Feldzug müssen natürlich fortblei-
ben.
    Morgen hoffe ich Dir auch einen Brief von unserem Doktor Knopf und
Leutnant Weiße für diesen Zweck beizufügen. Briefe habe ich vorläufig nur im
Original ohne jede Kopie. Du erhältst nämlich einen Durchschlag aus meinem
Tagebrief.
    Heute sind wir hier feiner untergekommen. Bei der Bäckerei sind außer mir:
Oberleutnant Sonnenstuhl (Res.), Leutnant Weiße, Leutnant Viereck, Unterarzt
der Reserve Dr. Knopf (Haut- u. Geschlechtskrankheiten), Budde ist zur 3. Bat-
terie kommandiert, dafür tut Oberleutnant der Reserve Bolten (mecklenburgi-
sches Regiment) bei uns mit, d. h. [sorgt] für gute Laune, gutes Essen u. Trinken.
Sonnenstuhl ist besonders vereidigt auf das Quartiermachen. Bei meiner Batterie

---

[175] Stasswinnen (pol. Staswiny): 10 km nordöstl. Lötzen.

sind wir alle der besten Laune, jeder Einzelne sucht sie aber auch zu erhalten. Ich glaube ja, [106] dazu gehört auf jeden Fall in nicht geringer Weise, dass auch für das leibliche Wohl gesorgt wird. Die Mannschaften müssen bei den Anstrengungen tüchtig essen u. jederzeit Kaffee haben, auch Alkohol besonders Bier für sie gratis und ebenso Wurst, Speck, Schmalz, Butter, Honig, Brot; danach ist die erste Nachfrage. Nach Möglichkeit habe ich es durchgeführt, dass die Leute zweimal am Tage regelrechte warme Kost erhalten oder abends nach der Mittagskost noch ein Stück Speck oder Wurst mit Kaffee. Die Wurst (Cervelatwurst) ist besser als wir sie alle im gewöhnlichen Leben erhalten. Wir erhalten dasselbe wie die Mannschaften, höchstens dass wir uns einmal das rohes Fleisch geben lassen, um dasselbe in irgendeiner Form zu braten. An Ruhetagen u. sonstiger Zeit verschmähen wir natürlich auch nicht, wenn uns eine Gans oder manchmal Enten gebraten [107] werden.

Gestern und heute waren besonders wichtige Tage. Wir kamen gestern gegen 12.00 Uhr in Mazutowken[176] [Masuchowken] an u. fanden dort alle 6 (wir gehen jetzt grundsätzlich zusammen in ein Quartier) eine liebevolle Aufnahme. Die Frau gab uns zum Frühstück Rührei, Schinken, Butter u. Brot; abends kam eine sehr wohlschmeckende, wenn auch hauptsächlich gekochte Gans auf den Tisch. Heute früh brachte die gute Frau neben den Resten der Gans 5 Täubchen auf den Tisch.

Um 7.30 Uhr ritten wir weiter u. kamen gegen 11.00 Uhr in Stasswinnen an. Sonnenstuhl hatte trotz starker Belegung ein glänzendes Quartier im Schulhaus gefunden. [108] Es waren hier im Hause schon die Bauleiter der hiesigen Armierungsarbeiter untergebracht. Unten wohnt auch der alte Lehrer, die obere Wohnung ist von dem jungen Lehrer (der im Felde ist) mit Frau verlassen. Letztere steht uns teilweise zur Verfügung. Der Bauleiter (Herr Ing. Gande aus Köln) u. der Stallmeister (aus Bayern) sowie ihre beiden Chefs sorgen in unglaublich guter Weise für uns. Außer einem sehr reichhaltigen Mittagsgericht gab es heute Abend:
1. Gulasch mit Kartoffeln,
2. Rinderschnitzel mit Kohl u. Schmelzkartoffel,
3. Milchreis mit Butter, Zimt u. Zucker (besser als zuhause),
4. Eierpfannkuchen mit Zucker,
5. Käse,
6. Äpfel,
7. Kaffee mit Honigbrot.

---

[176] Masuchowken (pol. Mazuchowka): 20 km südöstl. Lötzen.

[109] 25.9.14. früh.

Weiße u. Sonnenstuhl hatten aus Lötzen noch allerlei Kostbarkeiten an Getränken mitgebracht, sodass wir von der Batterie etwas Gutes zu dem köstlichen
Abendessen liefern konnten. Wir waren bester Laune, umso mehr da wir gestern
von dem Untergang der 3 englischen Kreuzer[177], von dem guten Vorgehen im
Westen u. dem ungefährdeten Gesamterfolg unserer Ostarmee hörten. Hier bei
Lötzen hört man auch [von] entsetzlichen Grausamkeiten der Kosaken. Von den
eigentlichen Russen hört man nur, dass sie im Allgemeinen sehr friedlich gewesen
sind. Die Kosaken scheinen aber bereits zu wissen, was ihnen blüht, wenn sie
gekriegt werden. Auf dem Marsche sieht man an vielen Stellen Kosakenhosen (an
den bunten Streifen kenntlich) liegen, ihr Haupterkennungszeichen hatten sie ab-
gelegt, um nicht getötet zu werden. Ich hatte ja gewusst, [110] dass bei unserem
letzten Kesseltreiben Anfang September weit weniger Gefangene als beim ersten
Mal absichtlich gemacht worden sind, dass aber in diesen Mengen die Russen
getötet worden sind, hatte ich doch nicht für möglich gehalten.

Heute erhielt ich auch 2 Pakete Schokolade u. 1 Brief. Leider ist [es] nicht
erwünscht, aber auch erwünscht ist es, wenn bei der Schokolade oder den Zigarren noch einige Zeilen von Dir liegen. Wie wäre es noch mit einem neuen Bild
von Dir?

An Mutter habe ich auch übrigens etwa alle 8 Tage geschrieben u. auch Antwort erhalten. Das Durchschlagen durch 2 Seiten macht bloß ziemliche Schwierigkeiten, deshalb habe ich bisher nur einmal einen längeren Brief (14. u. 15. September) geschickt. Heute will ich noch Maus u. Mutter schreiben.

---

[177] 22.9.1914: Vor der niederländischen Küste, nahe dem Hoek van Holland, versenkte das
    deutsche U-Boot SM U 9 unter dem Kommando von Kapitänleutnant Otto Weddigen in
    den Morgenstunden aus einem britischen Verband zunächst den Panzerkreuzer HMS
    Aboukir (12.000 ts [Turbinenschiff]) durch einen Torpedotreffer. Das Schiff sank innerhalb
    von etwa 30 Minuten und riss 527 Mann mit in die Tiefe. SM U 9 konnte in den nachfol-
    genden 70 Minuten zudem noch die beiden britischen Panzerkreuzer HMS Cressy (12.000
    ts) und HMS Hogue (12.000 ts) torpedieren, welche beide ebenfalls sanken. Dabei starben
    562 Seeleute an Bord der HMS Cressy und 375 Besatzungsmitglieder der HMS Hogue.
    Insgesamt fanden beim Untergang der drei Kreuzer 1.464 britische Seeleute den Tod.
    (https://de.wikipedia.org/wiki/Liste_bedeutender_Schiffsversenkungen#1914
    [15.01.2019])

[111] Staßwinnen, 25.9.14
Abends.

Mein liebes Frauchen!

Es war heute ein trauriger Tag. Heute erfuhr ich, dass Steinmetz gefallen sein soll
u. ich las, dass Oberleutnant Damborn aus Burg auch bereits tot ist. Am 9. soll es
im Lokalanzeiger gestanden haben, ich selbst habe es noch gar nicht gelesen. Auf
der einen Seite die Freude von Maus, auf der anderen nun dieses. Vielleicht nach
sehr langer Zeit wird man erst erfahren, wie es gekommen ist. Im Allgemeinen
kennt der General der Fußartillerie gar nicht so recht die Schussweite der feindlichen Geschütze.

Du schriebst mir vor einiger Zeit, ihr betetet alle für eine gesunde Rückkehr
für mich u. ich sollte dasselbe tun. Sieh, Liebling, [112] Du weißt, bisher habe ich
nicht gebetet u. jetzt soll ich, wo ich in Lebensgefahr bin, beten u. noch dazu von
dem großen Gott verlangen, dass er mich besonders beschützt! Ich glaube an ein
hohes Wesen, aber auch an seine große Gerechtigkeit. Es gibt nur ein großes Ge-
setz u. dem sind wir alle unterworfen. Die Granaten, Schrapnells u. Gewehrgeschosse werden nicht besonders einzeln von dem großen Gott gelenkt, so wie sie
abgefeuert, gehen sie gesetzmäßig weiter. Weshalb geht die gerechte Sache nicht
auch bei den Österreichern weiter, weil es ihnen meines Erachtens an der nötigen
Artillerie bei dem Feldheere mangelt; ihre Zahl ist viel zu gering. Wir hoffen aber,
dort bald mit Hindenburg das Kesseltreiben beginnen zu können.[178]

Wir hoffen, dass es im Westen noch die Ruhe vor dem großen u. für Frankreich letzten Sturm ist, der uns bald den gerechten Sieg u. Frieden bringt.

---

[178] Paul von Hindenburg war Oberbefehlshaber der 8. Armee, später (ab 17.9.1914) der neu
gebildeten 9. Armee.

Zweite Kladde

27.9. – 8.11.1914

Spottverse auf den Gegner. 2. Kladde, S. 109.

[109][179] Hört der Russe unsere Geschütze,
Greift er gleich an seine Mütze,
Nimmt die Beine in die Hand,
Und kämpft so fürs Vaterland.

Der Hamml von Rennenkampff[180],
Rennt schon lange vor dem Kampf.

Zar Nikolaus[181], Du Lump,
Machst Du den Krieg auf Pump?[182]

Herr Nikolaus, Herr Nikolaus,
Er weiß jetzt weder ein noch aus,
Er hätte niemals sich gedacht,
Dass alles so zusammenkracht.

Russische Eier, französischer Sekt
Deutsche Hiebe, ei wie das schmeckt.[183]

---

[179] Die Seiten der zweiten Kladde sind nummeriert.
[180] Russischer General aus baltischem Adelsgeschlecht, Oberbefehlshaber der russ. Njemen-Armee.
[181] Zar Nikolaus II.
[182] Verse zitiert in Engel, Eduard: Tagebuch 1914. Würzburg 1914, S. 58.
[183] Schriftzug an einem Eisenbahnwaggon. Zitiert in Engel a. a. O.

Vormarsch gegen die Weichsel

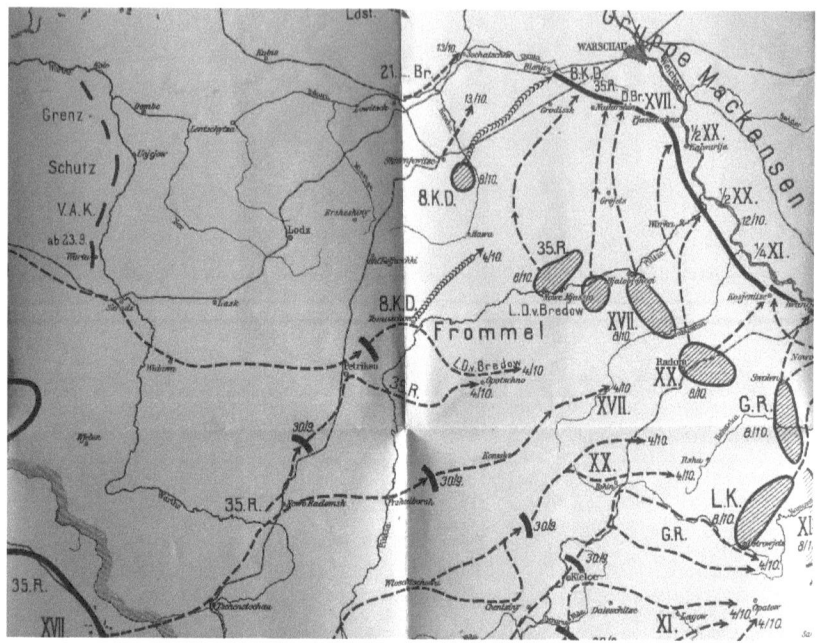

Der Feldzug in Südpolen. Herbst 1914. Karte 3 aus Ludendorff: Erinnerungen a. a. O.

[110] Eisenbahnfahrt Lötzen — Thorn 27.9.14[184]

Kaum hatten wir uns zur Ruhe niedergelegt, die ja gewöhnlich unserm Dienst zu folgen pflegt, als plötzlich unsere Coupétür geöffnet wird und eine nette junge Dame den Wunsch nach Sonnenstuhl ausspricht. Welch' ein süßes Erwachen! Sonst immer nur „Marschbereitschaft melden" und „Fertig machen", jetzt aber, um wieder einmal nette, sonntäglich gekleidete Menschen, besonders Mädchen zu sehen.[!] Bald sind auch die jüngeren Herren aus dem Abteil erwacht, um sich einige solche Jungfrauen, die Bier und Schokoladen verkaufen, aus der Nähe zu

---

[184] „Innerhalb von elf Tagen, vom 18. bis 28. September, wurden neun Divisionen mit der Eisenbahn von Norden nach Süden transportiert, um der österreichisch-ungarischen Armee unter die Arme zu greifen, die in Ost-Galizien eine schwere Niederlage erlitten hatte. Am Abend des 28. September stand das XVII. A. K., das der neu gebildeten 9. Armee eingegliedert wurde, zwischen Kattowitz und Kreuzburg zum Vormarsch bereit." Venohr a. a. O., S. 69; siehe auch Ludendorff a. a. O., S. 61.

betrachten. Onkel Sonnenstuhl empfängt ein dickes Paket Liebesgaben seines Schwagers: Pelzjacke, Zigaretten, geistige Getränke. Den älteren Herren werden die Liebesgaben ins Coupé gereicht, besonders die Zigarren finden [111] Anklang. Eine Karte spricht den Damen des Roten Kreuzes unsern herzlichen Dank aus.[185]

Montag, 28.9.14 Eisenbahnfahrt.
Ankunft in Czestochowa gegen 10.00 Uhr Abend. Ausladen in ¾ Stunden. Unterkunft in der Infanteriekaserne, daher spät u. kein Bier mehr. Marsch in die Schule. Mann mit Fell, der Pastor bzw. Schuldiener, der Direktor. 5.00 Uhr zusammen in der Cerkiewna Str. 7 [Kirchstraße], jeder 1 Zimmer, Wasserklosett u. Dusche.

Verladen der Artillerie. Bild aus: Krieger, Bogdan: Mobilmachung und Aufmarsch.[186]

185 Der Eintrag vom 27.9.1914 stammt von fremder Hand.
186 2. Kriegsbilderheft. Berlin o. J., Bild 34.

Montag 29.9.14[187]

Abmarsch über Redziny – Borowno[188] – Szczepocice – Stobiecko Miejskie nach Stobiecko Szlacheckie[189] – Sehr schlechter Weg, nach schlechtem Ziehen bei den Truppen vor uns, daher erst 9.00 Uhr ein gutes Quartier bezogen. Sehr gute Betten, Wasserleitung mit Waschbecken im Zimmer, Wasserklosett usw. vorzüglicher Ungarwein, aber wenig Tee. Keine Zigarren.

[112] Karren von Bolten verloren; großer Schreck.

Mittwoch 30.9.14

Abmarsch 6.30 Uhr über Nowo Radomsk, Juden[190] – Przedborz[191] in der 35. Infanterie Division am Ende.

---

187 „Der Vormarsch nördlich der Weichsel begann am 28. September. Die k. u. k. Armee schwenkte rechts gegen die untere Nida ein und ging gegen die Linie Sandomir – Opatow vor. Die einzelnen Verbände der 9. Armee hatten folgende Vormarschrichtungen: (…) XVII. A. K. über Nowo Radomsk, Konssk – Radom." Ludendorff a. a. O., S. 63.

188 Borowno: 20 km nördl. Tschenstochau.

189 Stobiecko Szlacheckie: nordwestl. Randomsko.

190 Nowo Radomsk (pol. Radomsko): 40 km östl. von Tschenstochau. Zu Beginn des 20. Jahrhunderts lebten 10.000 Juden in der Stadt, 40 % der Bevölkerung. (http://www.encyclopedie.bseditions.fr/article.php?pArticleId=82 [5.2.2019]).

191 Przedborz: 30 km östl. Nowo Radomsk.

Gut Zapolice[192], 30.9.14

Die Fahrt von Lötzen [am 27.9.] war etwas langweilig, aber sehr gemütlich. In unserem letzten Quartier in Staßwinnen waren die beiden Köche früh aufgestanden, um uns um 2.00 Uhr nachts den Kaffee zuzubereiten. Besonders ergreifend war der Abschied. Ich dankte besonders dem Koch für seine ganz besondere Aufmerksamkeit usw. Er erwiderte mir darauf: „Wir haben ja nur unsere Pflicht getan! Der allmächtige Herr möge Sie und Ihre Leute beschützen u. von Sieg zu Sieg führen!"

[113] Dies war ein Schlosser von Beruf. Die Fahrt verlief dank der bekannten Vorsorge der Herren der 2. Batterie sehr nett; Liebesgaben waren infolge des ausgeplünderten Ostpreußen und der zahlreichen … immerhin noch zahlreich. In Osterode, Pitschen u. Rosenberg war der Empfang besonders herzlich, man sah, die Menschen taten mehr, als unbedingt nötig war, sie waren mit Herz u. Seele dabei. Sehr einzigartig war die Verpflegung in Hohensalza; der Tisch großartig gedeckt, weißes Tischtuch, alle Sorten Aufschnitt (sogar Rebhuhn), aber Weinzwang (dieser sogar bei Mannschaften). Wasser soll man im Allgemeinen im Kriege nicht trinken, an Wein u. starken bsd. mit bitteren Getränken ist bisher kein Mangel gewesen, es fehlt bei Offizieren u. Mannschaften etwas gegen den Durst. Wirtschaften nicht schlecht u. [wir] bestellten einen besonderen Gruß an den Herrn Oberkommandierenden des Bahnhofs. Viereck und Weiße tranken eine Flasche Mercier[193] der schlechtesten Sorte und bezahlten dafür 8 Mark. Bolten und ich zogen los und fanden im Wartesaal das Gewünschte.

[114] Wir fuhren nun Sonntag, den 27.9. gegen 6.30 Uhr von Lötzen ab. Der Marsch bis dahin war 2 Stunden, dazu 2 Stunden Einladen usw., erst 2.30 Uhr Abmarsch von Staßwinnen. Der Sternenhimmel besonders schön, der Kriegskomet strahlte in voller Größe, südöstlich [von] mir, ohne dass ich vorher von ihm etwas wusste, solcher sofort auffiel.[194] In Czenstochau[195] kamen wir am 28.9. gegen 10.00 Uhr abends an. Das Ausladen dauerte nur 35 Minuten, also eine glänzende Leistung.

[29.914] 12.30 Uhr Nachmittag. Ortsunterkunft in Zapolice mit l. M. Kol. [Munitionskolonne].

Infanteriestab. Pferdeunterbringung zusammenlegen durch Reserveoffizier (2 Kälber, Stute, Kuh, 1 Pferd, 2 Fohlen). Großes Quartier und Besitzergreifung der besetzten vorgerichteten Zimmer (der Herr Major 128) Puterabschlachtung,

---

192 Zapolice: 30 km östl. Radomsko.
193 Mercier: französischer Champagner.
194 Zum Kriegskometen siehe Brief an Auguste vom 3.11.14, 3. Kladde.
195 Tschenstochau (pol. Czestochowa).

danach Enten (Herr Major). Puterbraten großartig, Enten auch. Beschwerde über Bezahlung der 2 Schweine für 55 Rubel 75 M (3 Zentner schwer).

[115] [Donnerstag] 1.10.14
Marsch[196] von Zapolice über Przedborz – Czermno nach Skornice. Ankunft 3.00 Uhr Nachmittag Inspektorhaus. Exzellenz Sohn u. Neffe. Schule in Braunsberg besucht.
Filmaufnahmen: 6 u. 7
Film: 3 u. 4: von der Bahnfahrt
Inspektor behauptet Abstandszahlung gemacht zu haben u. Unterschrift Res. Offizier. Bratkartoffeln u. Rührei, Grog. Sehr schön gefegt.

Freitag 2. 10.14
Abmarsch 7.00 Uhr Vormittag über Falkow – Demba [Deba]– Konskie[197] (Wege schlecht) – Rogow[198] – nach Huta Stara [Huta].
    Großer Schrecken: das Quartier. Gänsebraten 1,50. Große Einkäufe von Bolten. Schaumwein für Salm, Exz. u. Schlafgemach.

---

[196] Am 27. September 1914 stand das XVII. Armeekorps bei Lublinitz zum Vormarsch bereit. Dieser begann am 28. September und ging von Tschenstochau aus stetig in östliche Richtung mit Ziel Warschau.
[197] Konskie: ca. 130 km südsüdöstl. von Warschau.
[198] Rogow: heute östl. Vorort von Konskie.

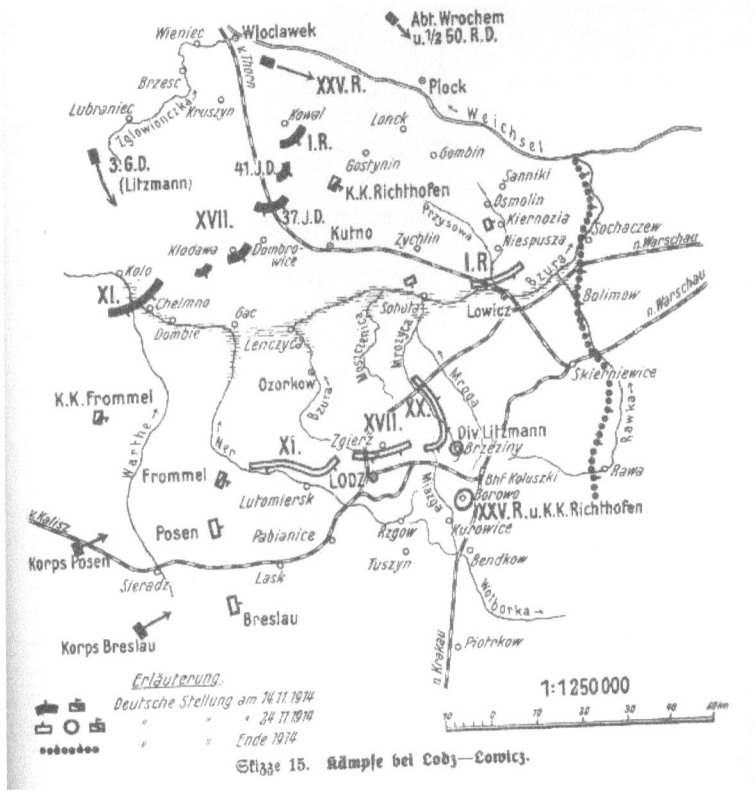

Karte aus Schwarte: Der Weltkampf um Ehre und Recht. S. 461.

[116] Mittwoch Radom[199], 7.10.14

Mein liebes Frauchen!

Gestern erhielt ich endlich wieder Nachricht von Dir, es kamen Deine Briefe vom
21. u. 25.9. Es fehlt also noch eine Reihe von Briefen. Wir sind bisher aber immer
so schnell vorgegangen, dass es für die Post unmöglich war, bei den schlechten
Wegen zu folgen.[200] Wir haben jetzt schon seit Tagen eiskaltes Wetter. Umso
mehr freuen wir uns, dass wir endlich 2 Tage Ruhe haben.

Dass Willy zu mir kommt, ist fast völlig ausgeschlossen. Hunger haben wir
bisher nicht gelitten, höchstens wird es etwas knapp mit dem Brot. Außer Kon-
servenfleisch für mindestens 3 Tage u. Gemüsekonserven haben wir augenblicklich noch je 100 Pfund Braunschweiger Mettwürste, mageren Speck u. Schinken
bei der Batterie. Heute sollen wieder Dauerwaren empfangen werden. Der Krieger braucht allerdings [117] bei diesem Wanderleben eine Menge.

Nun will ich fortfahren in der Erzählung unserer Erlebnisse.

Kurz nach der Ankunft in Czenstochau meldeten sich bei mir 2 Infanterie-
unteroffiziere u. gaben uns die Quartiere an u. stellten 2 Schutzleute zur Führung.
Mahrenholz hatte uns sagen lassen, wir sollten mit der Batterie am besten in die
Infanteriekaserne gehen. Als wir dort ankamen, war sie leider fast völlig besetzt.
Nur mit Mühe u. Not konnten wir unter einem Schleppdach[201] die Pferde unterbringen. Die Mannschaften kamen in der Nähe in einem Schulgebäude unter.
Nach längerem Klopfen empfing uns hier zunächst ein nur mit einem langen Pelz
bekleidetes Lebewesen mit nackten Füßen. Dieses Lebewesen rief ein anderes,
das nicht viel besser aussah, aber Schlüssel für die Stube hatte. Schließlich erschien
ein richtiger Mensch, der sogar etwas Deutsch konnte, der Herr Direktor. Dann
wurden die Offiziere zu ihrem Quartier geführt. Dieses war bereits vorbereitet.
Wir hatten 2 Häuser [118] zur Auswahl. Wir blieben jedoch gleich in dem ersten.
Wir fanden hier 5 saubere Betten in 5 verschiedenen Zimmern, Dusche, Bade-
zimmer u. Wasserklosett.

---

[199] Radom: ca. 100 km südl. Warschau.

[200] „Die Truppenbewegungen hingen im höchsten Maße von dem Nachschub ab. Die Verhält-
nisse hierfür waren bei dem unbeschreiblichen Zustand der Wege und dem schlechten Wetter denkbar ungünstig, selbst die große Chaussee von Krakau nach Warschau war knietief
ausgefahren. Auf ihr ruhte eine fußhohe Schmutzdecke." Ludendorff a. a. O., S. 64.

[201] Dachform, bei der eine zusätzliche geneigte Dachfläche das Hauptdach über die Traufe
hinaus erweitert.

Am 29.9.14 marschierte die Batterie um 8.00 Uhr vormittags von Czenstochau über Rzonsawy[?] – Borowno – Szczepocice[202] – Wymzslowok[?] – Stobiecko Miejskie nach Stobiecko Szlachecki[203]. Ich hatte nicht erwartet, dass der Weg gut sein würde, aber dass er so schlecht sein würde, hatte ich nicht erwartet. Wir bekamen alle einen tüchtigen u. unangenehmen Vorgeschmack von den russischen Wegen. Da die Batterie so spät abmarschiert war, kamen wir fast ganz an den Schluss. Erst um 9.00 Uhr abends kamen wir auf dem Gute Stobiecko an. Da Mahrenholz u. einige Infanteristen bereits dort waren, fanden wir noch reichliche Reste des Abendbrotes vor. Der Verwalter war sehr entgegenkommend. Vor allen Dingen hatte er einen ganz ausgezeichneten Ungarnwein, leider war [119] dieser sehr bald zu Ende. Der Wein schmeckte wie ein schwerer tadelloser Sekt. Mein Bett hatte sogar eine seidene Daunendecke u. im Schlafzimmer befand sich [eine] eingebaute Wascheinrichtung. Bolten war allein schlechter Laune, da sein Karren mit Wordel (seinem vorzüglichen Burschen) nicht mitgekommen war.

Am 30.9.14 marschierten wir um 6.30 Uhr Vormittag von Stobiecko Szlacheckie ab über Nowo-Radomsk – Radomsk[204] nach Zapolice. Trotzdem die 1. Munitionskolonne mit in diesem Dorf untergebracht wurde, hatten wir für sämtliche Pferde Unterkunft gefunden. Mit etwas Schokolade für die Kinder u. weiblichen Personen u. Zigarren für [die] männliche Bevölkerung hatten wir schnell das Vertrauen der Leute gewonnen. Andere versuchten es mit einem forschen Ton u. schlechter Behandlung, sie kamen auch zum Ziel. Wir hatten dafür aber einen gelungenen Putenbraten, fein garniert, und Apfelkompott, die anderen einfachen Entenbraten. Dazu hatten wir sehr freundliche Gesichter.

[120] Die Juden von Czenstochau u. Nowo Radomsk waren sehr entgegenkommend, man fühlte sich wie im Morgenlande. In Czenstochau war am Tage des Abmarsches gerade Markt, so war es zu erklären, dass den Truppen jegliche Waren angeboten wurden: Schokolade, Lorbeer, vorzügliche wasserdichte Mäntel, die 12 Mark kosteten u. einen einmaligen Gebrauch leidlich aushalten, vorzüglich aussehender Rotwein für 1,50 – 2.00 die kleine Flasche, dann sich als gefärbtes Wasser entpuppte u. ähnliche Waren. Im Übrigen hat man die Empfindung, als ob in den beiden Städten überhaupt nur ganz reinrassige Juden wohnen.[205]

---

202 Szczepocice: 40 km nordöstl. von Tschenstochau, heute Ortsteil von Radomsko.
203 Stobiecko Szlacheckie: nordwestl. von Radomsko. Von Tschenstochau bis Stobiecko Szlacheckie ergibt eine Marschstrecke von ca. 40 km.
204 Radomsk: pol. heute Radomsko.
205 Die Osteuropahistorikerin Monika Rüthers beschreibt das Leben in einer vorwiegend von Juden geprägten Stadt: „Im Zentrum befand sich der Marktplatz, ein manchmal abschüssiger, ungepflasterter Platz, auf dem ein- oder mehrmals wöchentlich Markt gehalten wurde. Wo sonst Ziegen und Gänse weideten und Kinder spielten, hielten dann Bauern und Händler ihre Waren feil. Um den Marktplatz herum standen ein- bis zweigeschossige Bauten aus

Am 1.10.14 marschierten wir von Zapolice über Przedborz[206] – Czermno – nach Skornice. Dort fanden wir mit der 1. Batterie 4 leere Zimmer in der Inspektorenwohnung.

[121] <u>Sonnabend, 3.10.14</u>

Marsch von Huta Stara – Ruski Brod[207] – Borkowice. Abmarsch 5.30 Uhr Vormittag. Borkowice längerer Halt für die Batterie bis 5.30 Uhr abends. Mahrenholz und ich Stellung erkunden für einen erwarteten starken Angriff.

Abends gegen 7.00 Uhr Quartier bei Pfarrer Wisniewski in Borkowice. Sehr ängstlich u. anscheinend auch sparsam. Rumflasche half. Später auflebend. Decken. Weiße latent krank. 2 zu 20, 1 zu 25, 1 – 50. Viereck u. Weiße nicht auf der Höhe.

<u>Sonntag, 4.10.14</u>

6.00 Uhr Vormittag Abmarsch von Borkowice – Skrzynno – Wieniawa (1 – 2 photographische Aufnahmen) – Wolanow nach Chruslice. Bei Wolanow Rast. Judennest. (2 photographische Aufnahmen.) In Chruslice Unterkunft auf dem Gute. Sehr nettes Haus, aber Rumpelkammer. Kranke, Feuer, Äpfel.[208]

Stein, Häuser wohlhabender Bürger, die Kirche und das Rathaus. Die übrigen Häuser und oft auch Kirchen und Synagogen waren aus Holz. (…) Manchmal waren die Gehwege mit Holzplanken belegt, aber in den meisten Orten gab es keinen solchen Luxus, und die ungepflasterten Plätze, Straßen und Wege wurden bei Regen zu Schlammgruben. (…) Die Bewohner des Schtetls waren überwiegend jüdisch. Sie waren Händler, Bäcker, Lehrer, Wasserträger, Schuster, Schneider. An der Peripherie des Städtchens lebten je nach Gegend polnische, ukrainische oder litauische Familien mit halbbäuerlichem Lebensunterhalt. Wenn Markt war, kamen die Bauern mit ihren Produkten. Die jüdischen „Dorfgeher", die unterwegs gewesen waren, um städtische Handwerkserzeugnisse auf den Dörfern zu verkaufen, kamen mit den bäuerlichen Produkten zurück und brachten sie auf den Markt." Ostjüdische Vielfalt in einer multikulturellen Umgebung. In: Ost-West. Europäische Initiativen (OWEP) 3/2008, ohne Seitenzahlen.

[206] Przdborz: 30 km östl. Radomsko.

[207] Ruski Brod: 12 km nordöstl. von Konskie. Der Marsch geht weiter in nordöstliche Richtung über Burkowice – Skrzynno – Wienawa – Wolanow ins 5 km nördl. liegende Chruslice.

[208] Am 4.Oktober erreichte das XVII. Armeekorps der 9. Armee nach leichtem Gefecht die Gegend westlich von Radom. „Die k. u. k. Armee und der rechte Flügel der 9. Armee kämpften am 4. Oktober bei Klimontow und Opatow gegen russische Schützenbrigaden, die recht glimpflich davonkamen. Die k. u. k. Armee legte jetzt den Schwerpunkt auf Sandomir, während der rechte Flügel der 9. Armee gegen die Weichsel oberhalb der Sanmündung blieb." Ludendorff a. a. O., S. 65f.

[122] Montag, 5.10.14

Von Chruslice[209] 6.00 Uhr Vormittag ab. Batterie vorgezogen bis Slawno[210]. Ich Stellung erkunden. Regen u. Nebel. Stellung bei 205 (2,5 km südöstlich Slawno). Beobachtungsstelle nach linkem Teil der Stellung von Radom sehr gut, aber offene Beobachtungsstelle. 10.00 bis 11.30 Uhr Batterie Feuereröffnung gegen Infanteriestellung bei Lederfabrik an Westausgang von Radom. Schüsse in die Nähe, Fortlaufen, dann [Feuer] verlegt nach Feld.

Schützengräben wurden besetzt, nochmals stark beschossen, wieder in großen Scharen Flucht. Große Verluste. Infanterie beobachtet die Schüsse, schicke dann u. ging vor. 11.30 Uhr Stellungswechsel zur Chaussee. Bei Wozniki[211] zur Unterstützung der Division. Dann Marsch zur Rast nach Malczow.

[123] Abends Quartier in der Ziegelei bei Predocinek[212]. Wir gingen auf zur Stadt zum Hotel de Rome. Gutes Bier u. Essen.

Dienstag, 6.10.14

Quartierwechsel nach Kaptur westlich Radom. Für Offiziere kein Quartier, wir daher in das Landesinnere. Sehr gutes Quartier, bloß kein Essen. Hofften, um 12.00 Uhr etwas in der Stadt zu bekommen, aber war nicht, bloß [so etwas] wie Sekt u. andere Getränke. Nachmittags legte ich mich hin, um mich von der Erkältung zu erholen. Nach Kognak u. Bier wurde es abends besser. 2 Briefe erhalten.

[124] Mittwoch, 7.10.14

Donnerstag, 8.10.14[213]

---

209 Chruslice: 8 km westl. Radom.
210 Slawno: 8 km westl. von Radom.
211 Wozniki: am südwestl. Rand von Radom.
212 Predocinek: südl. Ortsrand von Radom.
213 Für den 7. und 8. 10.14 erfolgte kein Eintrag. Das XVII. Armeekorps ging am 8. Oktober auf Warschau vor. Schwarte a. a. O., S. 464.

Freitag, 9.10.14

5.00 Marsch[214] von Kadlubek Nowy – Suzd – Bialobrzeg – Promna (2 – 3 photographische Aufnahmen) – Boncza – Opozdze – Nowaries – Miedzichowo – nach Iwanowka. 8.00 abends. Das furchtbare Zimmer.

Sonnabend, 10.10.14

Gegner sollte bei Grojetz[215] sich verschanzt haben. Abmarsch von Iwanowka – Rukalj bis Wegegabel 1,5 km nördlich dieser Orte. 2. Batterie hier abgesondert zur Brigade Knobelsdorff. Diese vorgezogen über Zpromek nach Lesznowola. Bei Gut Gocjenczjce[?] Brücke entzwei, daher nicht rechtzeitig zum Verfolgungsfeuer [125] der von Grojetz abziehenden Gegner zur Stelle. Brigade setzte sich dann von Lesznowola Rawenczje[?] in Marsch nördliche Richtung. Bei Tarcze wurden Schanzarbeiten bemerkt. Batterie erhielt Befehl, diese sofort zu stören. Batterie sehr weit vor. Aufgefahren an der augenblicklichen Stelle: vollständig offen.

Feuereröffnung 10.00 Uhr Vormittag. Gegner floh sofort. Danach eröffnete eine Feldbatterie das Feuer gegen unsere Feldartillerie. Daher auf die mutmaßliche Stellung geschossen. Weiße zur Verbindung und Beobachtung zur Brigade befohlen.

Gegen 2.30 Uhr Feuer gegen feindliche Kolonne u. feindliche Schanzarbeit nördlich Tarcze verlegt. 4.00 Uhr Befehl zum Stellungswechsel, wurde aber nicht mehr auf Befehl der Division ausgeführt. Abends Quartier mit der 4. Batterie in Rawencza[?]. 36. Division unterhalb Dorf. Zuerst unser Korps vom 11. Regiment (Abt. Stab, 1. Schw., 1 Maschinengewehr Regiment) vom 20. Armeekorps, dann 1 Feldbatterie von 36. Infanterie Division, Divisionsbrigade Z. und 500 Gefangene.

[128] Sonntag, 11.10.14[216]

---

214 Die folgenden Orte liegen – sofern sie heute noch existieren – alle in nördl. Richtung auf dem Weg nach Grojec. „Das XVII. A. K. marschierte von Radom über Bjalobrshegi[!] scharf links ab und traf bereits am 9. Oktober bei Grojetz und östlich auf die sich hier versammelnden sibirischen Truppen. Sie wurden nach heftigen Kämpfen auf Warschau zurückgeworfen." Ludendorff a. a. O., S. 67.

215 Grojetz (pol. Grojec)· 40 km südl. von Warschau

216 Zum 11.10.1914 fehlt ein Eintrag.

Montag, 12.10.14[217]
Bereitstellung bei Bobrowice. Gegen Mittag Quartier in Jazgarzew[218]. Entsetzlicher Straßenschmutz, Pferde bis zu halben Beinen [im Schlamm].[219]

Dienstag, 13.10.14[220]
10.00 Uhr Vormittag Abmarsch nach Ziegelei Golkow[221] ins Quartier. Aber zu schön dort. Mittags nach dem Essen Befehl nördlich Orezna[222] in Stellung zu gehen. Geschütze fuhren einzeln ein. Beobachtungsstelle zur Kirche in Iwiczna Stara. Von Feldartillerie, Infanterie in Mengen besetzt. Bald schweres Feuer auf das Dorf u. die Kirche. Daher abbauen. Ich suchte mit [Hauptmann] Rausch eine Beobachtungsstelle bei der Infanterie in Iwiczna Nowa[223]. Abends blieb Beobachtung durch Beobachtungsoffizier besetzt. Wir [bezogen] Unterkunft mit Major in Orezna[224].

[130] Mittwoch, 14.10.14
Nebel bis 2.00 Uhr. Dann Feuer eröffnet gegen alle erkannten Artilleriestellungen. Ich erst Kirche, dann wieder schweres Feuer. Zimmermann blieb dort, Rausch bei Iwiczna Nowa.

---

[217] „Bereits am 12. Oktober stand die Gruppe Mackensen vor der Süd- und Südwestfront von Warschau, nur noch 17 Kilometer vom Mittelpunkt der Stadt, gerade an der Grenze der Schussweite der Außenwerke, zu deren Bezwingung die Deutschen allerdings keine genügend artilleristische Mittel zur Verfügung hatten." Schwarte a. a. O., S. 465.

[218] Jazgarzew: 8 km südl. von Piaseczno, 30 km südl. von Warschau.

[219] „Für die deutschen Regimenter und Divisionen wurde der Vormarsch zu einem wahren Alptraum. Die zaristische Regierung hatte die Entwicklung der polnischen Infrastruktur aus militärischen Gründen bewusst vernachlässigt. Es existierten nur wenige befestigte Straßen, kaum Telefonleitungen, die Dörfer und Städte waren verlaust und verdreckt. Zu allem Unglück begann es gleich nach Beginn der Offensive in Strömen zu regnen. Ganz Polen verwandelte sich in eine Schlammwüste. Die Soldaten, die am Tag zwanzig bis dreißig Kilometer zu marschieren hatten, quälten sich nur mühsam vorwärts, oft bis zu den Knien im Schlamm. Die schweren deutschen Trosswagen blieben hoffnungslos stecken, mussten gegen leichte >Panjewagen< umgetauscht werden, die die Österreicher zur Verfügung stellten." Venohr a. a. O., S. 73f.

[220] Zu den Ereignissen vom 13.10. – 16.10.1914 siehe auch den ausführlichen Artikel der Kölnischen Zeitung im Kapitel „Berichte", den Brief an Auguste vom 15.10.1914 und die Darstellung vom 15.10.1914 in der chronologischen Auflistung der Kriegsereignisse.

[221] Golkow: 3 km südwestl. von Piaseczno, 19 km südl. Warschau.

[222] Orezna: südwestl. Piaseczno.

[223] Iwiczna Stara und Iwiczna Nova: heute Stadtteile von Warschau.

[224] Orezna: heute nur noch Straßenname in Warschau.

Donnerstag, 15.10.14

Feuereröffnung 7.15 Uhr Vormittag gegen Ziegeleischornstein von Dombrowka. Schornstein wurde mehrere Male durch Granaten mit Verzögerung getroffen, ohne jedoch denselben zu zerstören. Gegen 10.00 Uhr Vormittag Feuerverlegung auf eine lange Artillerielinie bei Dawidy. Um 1.00 Uhr Feuer nochmals auf Schornstein verlegt (Befehl des Armeekorps). Nachher auf Kirchturm. Sehr großes Feuer. Batterie beim 1. Geschütz einen 21 cm-Mörserschuss in Brustwehr. Bei 4. Batterie 1 Schuss in unmittelbarer Nähe.

[131] Freitag, 16.10.14 Orezna

Zimmermann Kirchturm, erhielt sofort Feuer, da Feldartillerie und Infanterie richteten die Aufmerksamkeit auf den Höhenzug. Nach unserer Feuereröffnung Feuer des Gegners eröffnet.

Ziele:

1. Schornstein 2 x getroffen.
2. vermutete u. durch Feuerleitstelle festgestellte Artillerie südlich Niemieckie (westlich Bahnhof) mit 2., 3., 4. Batterie [ins Feuer genommen.]
3. Schornstein.
4. Artillerie südlich Polskie (schweres Artilleriefeuer von 27. Infanteriedivision gemeldet).

Abends die letzte Flasche Rotwein.

(4 Aufnahmen in der Feuerstellung)

Wir wurden beschossen von 2 schweren Feldhaubitzen-Batterien oder 1 Feldhaubitze u. 1 – 2 Mörser-21 cm-Batterien. Die meisten Schüsse gingen zu kurz. Hauptsächlich hatten es die Russen auf Iwiczna Stara [Stara Iwiczna] u. Piaseczno[225] abgesehen. Gegner benutzten meist Mörserfeuer.

[132] Sonnabend, 17.10.14

Verlauf ähnlich wie Freitag. Zeitweise schweres Feuer. Gegen 11.00 Uhr Flieger. Leider nicht heruntergeholt. Wir erwiderten deshalb bald heftigeres Feuer. Gegen Nachmittag kam eine Schrapnellsalve [zu] kurz. Ich ließ die Leute decken, waren sämtlich bei Unterstand[?] … Kurz darauf 2 gut sitzende Salven, jedoch ohne Verluste. 1 Zünder, der gefeuert wurde, stand auf 1200 m. Wir fürchteten schon

---

[225] Piaseczno: südl. von Warschau.

den Sonntag. Abends wurde ich gegen 6.00 Uhr gerufen u. erhielt die Unterrichtung für Sonntag. Batterie musste noch denselben Abend aus der Stellung gefahren werden.

Sonntag, 18.10.14

3.00 Uhr morgens abrücken zur 87. Infanteriebrigade nach Wypenk. Diese sollte den über Jeziorna[226] vorgegangenen Gegner zurückwerfen. Batterie ging zuerst bei Wypenk in Stellung u. beschoss Terrain u. den Wald südlich Jeziorna.

[133] 2. Stellung bei Czarnow[227]. Ziel der Wald von Jeziorna. Dann abgerufen zur Division nach Zalienice. Stellung südlich Zalienice. Ziele.

Abends Quartier in Ziegelei v. Golkow. Rausch zufällige Unterredung [mit] dem russischen General.

Montag, 19.10.14

Abmarsch 3.00 Uhr mittags nach Zalienicz. Dieselbe Stellung. 5.00 Uhr Nachmittag heftiges Infanteriefeuer da hineingeschossen auf 3400 [m]. Sonnenstuhl in Infanteriestellung als Beobachter. Ziegelei Graby (östlich Piaseczno) durch Chyliczki beschossen, sollten 2 – 3 Russen stecken.

Von 3.00 Uhr Nachmittag ab Jeziorna beschossen, nach Meldung voll von Russeninfanterie u. Artillerie. Abends wollten wir zunächst nach Ziegelei Golkow. Beim Abrücken kam Gegenbefehl, sollten in Stellung bleiben, in der Nacht sollte Stellungswechsel sein.

Gegen 8.00 Uhr Befehl zum Abrücken über Jazgarzew – Peneberg[?] – Los – Mirowska – Wils – Mirowice[228].

---

226 Jeziorna: südwestlich von Warschau.
227 Czarnow: 12 km östl. von Golkow.
228 „Das Oberkommando der 9. deutschen Armee beschloss, durch eine Verkürzung der Front der drohenden Gefahr einer Umfassung des linken Flügels auszuweichen und die Armee in eine bessere Stellung zurückzuziehen. Die Gruppe Mackensen erhielt den Befehl, in der Nacht zum 19. Oktober die so lange behaupteten Stellungen vor Warschau zu räumen und in die Front Rawa – Skierniewice – Lowicz zurückzugehen, die fast überall durch sumpfige Bachabschnitte gedeckt war und eine aussichtsreiche Verteidigungsstellung auch gegen erhebliche Übermacht bot. (…) Gruppe Mackensen führte die befohlene Loslösung vom Feinde und die Rückwärtsbewegung in die Linie Rawa – Skierniewice – Lowicz in aller Ruhe und mit vollendeter Ordnung aus, verschleiert durch geschickt auftretende Nachhuten und ausgiebige Artillerieverwendung." Schwarte a. a. O., S. 468f. „General v. Mackensen marschierte in der Nacht vom 18./19. von Warschau ab. Die Bewegungen, schon seit langem vorbereitet, gingen in musterhafter Ordnung vor sich. Der Feind machte keine Beute und drängte erst allmählich scharf nach." Ludendorff a. a. O., S. 70.

Dienstag, 20.10.14

Nachtmarsch [Richtung Westen] bis Mirowice[229]. Hier um 4.30 Uhr Vormittag dann Rast. Regen, kalt. Alles lag vor Müdigkeit auf der Erde. Später Zelt u. Rast bis 11.30 Uhr Vormittag. Schlaf.

[134] Marsch über Grojec nach Belsk-Duzy[230]. Bolten ... u. Schnaps, Äpfel. Schlafen bis 10.30 Uhr. Kein Abendbrot, aber Sekt. Bolten Burgunder, Steinberg[231] u. Kurfürst[232] bis 2.45 Uhr nachts gesessen.

Mittwoch, 21.10.14

Marsch[233] 7.30 Uhr ab von Belsk-Duzy – Blendow[234] – Wilkow[235] – Biala nach Zurawia[236].

Donnerstag, 22.10.14

Marsch von Zurawia – Roslawonice – Rawa[237]. Hier Erkundung von Stellung für I. Armeekorps im Abschnitt von Rawa bis Kwasowiec[238] – Unterkunft in Wilkowice[239].

Freitag, 23.10.14

Abreiten 3.30 Uhr mit Major nach Zglinna-Duza[240]. Dort nähre Anweisung durch 87. Brigade u. Oberst Psertoch. 2. u. 4. Batterie, feuern 1 – 10 cm-Batterie in vorgezogene Stellung östlich Marjankow. – 1. [Batterie] weiter [in] eigene Seitenstellung.

---

229 Mirowice: Gemeinde Grojec.
230 Belsk Dusy: 5 km südwestl. Grojec.
231 Steinberg: Riesling.
232 Kurfürst: Sekt.
233 Marsch in westl. Richtung auf Lodz.
234 Blendow (pol.Bledow).
235 Wilkow: 10 km nordöstl. Golgow.
236 Zuraika (pol. Zurawka): 75 km östl. Lodz.
237 Rawa Mazowiecka: 55 km östl. Lodz.
238 Kwasowiec: 10 km nördl. Rawa Mazowiecka.
239 Wilkowice: 10 km nordwestl. Rawa.
240 Zglinna-Duza: ein Ritt von 6 km.

[135] Zurawia, 21.10.14
2,5 km südwestlich Biala bei Warschau.

Wir sind wieder auf der Wanderschaft. Man munkelt, Hindenburg habe etwas ganz Besonderes vor. Schöne Tage haben wir nicht hinter uns.

Zuerst will ich die Zeit von Sonntag, den 11. Oktober an erzählen. Die Sonntage fürchten wir hier immer, jedes Mal ist noch etwas Ekelhaftes an diesem Tage gekommen.

Am 11.10.14 marschierten wir bei Dunkelheit von Rawenczyn[?] ab über Zawodne[241] – Los nach Jazgarzew. Kurz hinter Los hörten wir heftiges Gewehr- und Geschützfeuer in unmittelbarer Nähe. Da wir mitten im Walde steckten, ließ ich sofort halten u. schickte eine Offizierspatrouille vor. Es stellte sich nun heraus, dass das Feuer immerhin noch einige Kilometer entfernt war, es schallte nur so stark im Walde. Bald darauf kam Befehl, die [136] 2. Batterie solle bei Bogatki[242] in Stellung fahren. Das gegnerische Artilleriefeuer war ziemlich verstummt, es handelte sich nur noch darum, die feindliche Infanterie mürbe zu machen. Die Batterie fuhr östlich Bogatki auf, Beobachtung aus einem der Gärten. Vom Geg- ner war eine Reihe besetzter Schützengräben u. Truppenansammlungen hinter diesen zu sehen. Kurz nach der Feuereröffnung zeigte sich das gleiche Bild, wie auch sonst. Die Infanterie kann eben ein wohlgezieltes Feuer aus schweren Feld- haubitzen mit unsern Granaten nicht aushalten. Die Gräben waren deshalb bald verlassen u. die Truppenansammlungen in alle Winde zerstreut. Unsere Infanterie konnte hier, fast ohne einen Schuss abzugeben, in die feindliche Stellung einrü- cken. Während nun die 70. Infanteriebrigade auf Gloskow[243] u. Golkow vorging, war die 87. Infanteriebrigade immer [137] noch nicht vorwärts gekommen, sie stand bereits seit dem vorigen Tage im heftigen Kampfe im Walde südlich Pia- seczno. Trotzdem die 3. Batterie ihr beigegeben war, wollten die Russen nicht weichen.

Die 1., 2. u. 4. Batterie gingen nun weiter vor über [die] Biele[244] nach Zielony, dort abfüttern und essen. Dann hieß es, wir sollten in Stellung gehen. Der Major war bereits vorgeritten. Die Batterien folgten bis Golkow. Nach einer Weile Warten kam uns ein Waldarbeiter holen u. führte uns den Weg über das Gut Golkow nach Nordwesten. Thomas u. ich ritten an der Spitze. Nah vor dem Gute kamen uns einige Gewehrgeschosse entgegen. Da wir in der Nähe des In-

---

[241] Zawodne: 11 km südsüdwestl. Jazgazrew.
[242] Bogatki: ca. 5 km südwestl. von Jazgarzew.
[243] Gloskow: 3 km westl. Jazgarzew, südwestl. von Warschau.
[244] Nebenfluss der Glatzer Neiße in Polen.

fanteriekampfes waren, kam uns dieses nicht ungewohnt vor, wir dachten, es wären einige von den bekannten Weitschüssen der Russen. Als wir um die Ecke bogen, kamen die Schüsse häufiger u. flogen uns dicht an den Köpfen vorbei. Wir sahen uns um und [138] bemerkten nur einige unserer Infanteristen, die sich dicht um eine Mauer drückten. Thomas u. mir war nun klar, dass die Schüsse uns galten, aber Gott sei Dank fehlgingen. Wir machten nun, dass wir mit den Batterien hinter den Wald nördlich Bobrowiec[245] kamen u. gingen dort in Stellung, Beobachtung aus dem anderen Walde. Kurz nach unserer Feuereröffnung wurde Iwiczna Stara von unserer Infanterie genommen, die Infanteriestellung nach Piaseczno hin [verlegt] u. dieser Ort jedoch noch nicht [genommen]. Ebenso tobte noch ein heftiger Kampf rechts von uns bei der 87. Brigade. Um Letztere zu entlasten, machten die Feld- u. Fußartillerie Stellungswechsel nach Olesno, um von dort den Gegner in der Flanke zu fassen. Kurz darauf kam von der Division die Mitteilung, die 87. Brigade hätte gemeldet, sie könne sich nicht mehr halten, die schwere Artillerie sollte deshalb noch den letzten Versuch machen, [den Gegner] durch Beschießung des [139] Waldrandes zum Verlassen desselben zu zwingen. Die 1. Batterie nahm nach der Karte die Richtung u. streute einen gewissen Abschnitt ab. Der Erfolg blieb nicht aus.

Gegen 3.00 Uhr eröffneten 2 Geschütze aus Piaseczno das Feuer auf diese Batterie. Da ich die Feuererscheinung dieser Geschütze gesehen hatte, fuhr ich mit 2 Geschützen auf und stopfte ihnen das Maul mit der ersten Salve.

Am nächsten Tage fand man die beiden Geschütze in Piaseczno, es waren 2 völlig veraltete Feldgeschütze. Kurz vor Dunkelheit erhielten dann die beiden Geschütze von mir noch [gegnerisches] Feuer von links. Das Feuer kam von Salve zu Salve näher. Als die Schüsse über uns fortgingen, war alles in Deckung u. das Feuer erwidert.

Abends gingen die Batterien, da Piaseczno noch nicht genommen war, in Ortsunterkünfte nach Gloskow zurück. Die [140] Pferde der Batterien kamen sämtlich im Gute unter, wir fanden ein leeres Zimmer in einem Gasthause. Es war eine Wonne, bei dem scheußlichen Regenwetter in ein warmes Gelass zu kommen.

Am Montag, dem 12.10.14 rückten wir gegen 5.00 Uhr früh von Gloskow ab in eine Bereitstellung nordöstlich Bobrowiec. Die Feldartillerie feuerte auch einige Schuss ab, wir kamen nicht dazu. Schon mittags durften wir nach Jazgarzew ins Quartier rücken. Der Weg von Golkow nach Jazgarzew war einzig nach dem Regen. Er war der schlimmste, den wir bisher erlebt hatten. Die Pferde wateten bis zu den Knien im Schmutz und Lehm.

---

245 Bobrowiec: nördl. von Gloskow und Golkow.

Dienstag, den 13.10.14 rückten wir 10.00 Uhr früh ab nach Ziegelei Golkow. Wir konnten deshalb den schönen Weg nochmals genießen. Unterwegs begruben wir noch einen Russen. Leider sollten wir nicht lange die Ruhe genießen. [141] Schon auf dem Wege kam uns Schulz entgegen mit der Nachricht, es solle in Stellung gehen. Trotzdem kamen wir aber noch zur Ziegelei Golkow u. fanden dort die große Bagage mit Bolten, der schon in dem Verwaltungsgebäude für uns alles vorbereitet hatte. Wir sagten gleich, hier ist es zu schön, deshalb wird es nicht lange so währen. Bolten holte aus den Weinbeständen eine Flasche Benediktiner[246] u. dann eine Flasche roten Ungarnwein. Wir hatten kaum unser Mittagessen beendet und noch nicht einmal den Ungarnwein aus, als ein eilender Bote mit dem Befehl kam, sofort aufspannen u. vorrücken nach dem Wald von Orezna. Batterieführer vor nach Orezna. Die 1. Batterie ging südlich Piaseczno, die drei anderen Batterien im Wiesengrunde nördlich Orezna in Stellung. Die Beobachtungsstelle beabsichtigten wir vor das vorliegende Dorf Iwiczna Stara zu legen. Bald stellte [142] sich heraus, dass nur von einem Hause unmittelbar vor der Kirche u. von dieser selbst etwas zu sehen war. Die Kirche war deshalb nicht nur von der Feldartillerie, sondern auch von uns als Beobachtungsstelle besetzt. Zuerst wurde auf eine erkannte Feldbatterie das Feuer eröffnet. Kurz darauf begrüßten uns aber die Russen mit schweren Granaten. Man merkte deutlich, dass sie es vor allen Dingen auf die Kirche abgesehen hatten. Da die Schüsse immer näher kamen, hielten wir es für richtig, die Kirche zu räumen. Kaum waren wir aber heraus, lag das ganze Dorf unter Feuer. Mit Rausch entschloss ich mich nun, mit der Beobachtung weiter vorzugehen bis in die Linie der Infanterie nach Iwiczna-Nowa. Dort fanden wir noch in einem Hause eine leidliche Beobachtungsstelle. Da die Russen das Feuer ziemlich eingestellt hatten, feuerten wir an diesem Tage nicht mehr. Wir hofften, dass die Russen [143] auch nachts ihr Feuer fortsetzen würden, wir hatten deshalb 2 Stellen im Dorf besetzt, um von diesen die Feuererscheinungen anzuschneiden u. die Lage der Batterien zu ermitteln. Die Russen taten uns bzw. unsern Beobachtungsoffizieren diesen Gefallen aber nicht, es blieb die Nacht alles ruhig.

Mittwoch, den 14.10.14 gingen Rausch u. ich früh hinaus. Es herrschte ein dichter Nebel. Rausch wollte nun in Iwiczna Nowa, ich in Iwiczna Stara die Beobachtungsstelle einrichten. Auf alle Fälle wollten wir es nochmals von der Kirche aus versuchen. Der Nebel blieb bis Mittag, deshalb konnten wir noch in Ruhe das Frühstück u. unser Mittagessen einnehmen. Als es lichter wurde, versuchten wir auf der Kirche unser Glück. Leider war aber wieder [144] der Betrieb dort so groß, dass es nicht unbemerkt blieb. Zu unserer größten Freude erhielt nun das Dorf aus 8 Geschützen (anscheinend 15 cm-Haubitzen u. 21 cm-Mörser) Feuer. Ein

---

[246] Benediktiner: Kräuterlikör.

Aufenthalt schien uns deshalb dort nicht ratsam. Wir bauten deshalb ab, nur Leutnant Zimmermann blieb dort und hatte auch bald die Lage der schweren Batterien erkannt. Unsere Batterien scheinen die Russen dicht hinter dem Dorfe zu vermuten, denn die Schüsse kamen nicht näher. Bald nach unserer Feuereröffnung mit 2 Batterien schwiegen die russischen Batterien u. wir hofften schon das Beste. Es dauerte aber nicht lange, da fing die Sache wieder an u. die Russen kamen näher u. gingen über uns sogar fort. Zimmermann meldete wieder, er hätte die Batterien erkannt, sie hätten [145] Stellungswechsel gemacht. Gleichzeitig hatte sie auch Rausch erkannt. Es feuerten aber von jetzt ab nur noch 5 Geschütze. Wir eröffneten nun mit allen 3 Batterien das Feuer, aber ohne Erfolg, die feindlichen Batterien standen zu weit. Zur gleichen Zeit wurde mit schweren Geschützen nach Piaseczno geschossen.

Fortsetzung Freitag, 23.10.14
2. Batterie feuerte in Marschkolonne südlich Doleck[247] (beste Zeit, in 5 Minuten ausgeführt). Meisten Ziele waren zu weit. Da Infanterie bei Rawa Stara[248] zurückging, wurde Hauptstellung westlich Zglinna-Mala[249] eingenommen. Beobachtungsstelle an 178 u. Nordrand von Kazimerzow[250].

Ziele für 10 cm-Kaliber: Truppen bei Radez; Haubizen: Rawa Stara voraus Novy Dwor[251]. Abends Unruhe, da 141 fälschlich zurückgegangen.

Nachts Marzankow[?] u. Wald mit ½-stündlichen Salven bedacht. Unterkunft mit Betten zusammen in einem Hause von Kazimerzow mit Katzendreck. Noch 4 Flaschen Ungarnwein u. ½ Rotwein aus Rawa.

[146] Sonnabend, 24.10.14
Abmarsch von Kazimerzow um 3.00 Uhr nachts u. Stellungswechsel nach westlicher Höhe 172 (östlich Duza). Beobachtung durch Zimmermann bei 172 südlich Duza. Ziele Wald östlich … nördlich Marzanka[?] bei Rzedkow Stary[252] (Streufeuer). Russen streuten ebenfalls. Wenige Schüsse in die Nähe.

---

[247] Doleck: 3 km nordöstl. Stara Rawa.
[248] Stara Rawa: 10 km nördl. Rawa Mazowiecka.
[249] Zglinna Mala: 4 km westl. Stara Rawa.
[250] Kazimerzow: 300 m östl. Zglinna Mala.
[251] Novy Dwor: 3 km südl. Stara Rawa.
[252] Rzedkow: 8 km westl. Stara Rawa.

Gegen 5.00 Uhr Nachmittag Stellungswechsel nach Milochniewice[253]. Zunächst in Stellung gefahren und östlich Gluchow[254]. Unterkünfte in Milochniewice mit Batterie. Mit Muchow[?] u. Zimmermann den letzten … u. ¼ Ungarwein.

Sonntag, 25.10.14
Dichter Nebel. Neue Stellung ausgeführt 1 km südlich Milochniewice, Beobachtung 1200 m vorgeschoben. Sonntag verlief ruhig. Beobachtungsstelle und Beobachtung ausgebrannt. Abends in Milochniewice 2 russische Schrapnells ins Dorf, daher Pferde wieder abgespannt u. Unterkünfte ohne Offiziere nach Gluchow ins Pferdegut. Saubere Zimmer für Batteriestab u. Sonnenstuhl u. mich.
[147] Pommery (reichlich), Ochsenfleisch mit Kartoffeln, gebratener Karpfen, Linsen, Gänsebraten (letzteren gegen 10.00 Uhr abends erst), Chablis.

Montag, 26.10.14
Nebel. Beim Abrücken Nachricht, dass Russen im Dorf. 1 Regiment durch Landwehr durchgebrochen.
Ziele. Infanterie nach Beobachtung von Feldartillerie starkes, schweres Feuer. Flucht. Abends ins Dorf zurück. Fernsprechleitung zur Verfügung von Batterie. Unsere Aufregung über Schießen, aber nach dem Ausschlafen nichts zu hören.

Dienstag, 27.10.14
Gegen 6.00 Uhr Feuereröffnungen gegen stark vorgehende Infanterie. Bald Stehen u. Flucht. Unsere schweren Granaten in die Nähe der Beobachtung. Feldartillerie nach Waldecke. 1. Feldf., St… Zug. Freude über Wirkung des Schießens. Russenoberst gefangen. Aussage, sie seien umstellt, keine Rettung.
[148] Rückkehr u. Rückzug 7.30 Uhr abends.[255] Gluchow – Jozefow – Wola Tarnowska nach Malecz[256]. Verlegen der Kolonnen, Aufenthalt.

---

253 Milochniewice: nordöstl. Gluchow.
254 Gluchow: 8 km westl. Rawa Mazowiecka.
255 Näheres zur Notwenigkeit eines Rückzugs westwärts Richtung Lodz siehe Anmerkungen zum Brief an Auguste vom 30.10.1914.
256 Malecz: 26 km südwestl. Rawa Mazowiecka.

Mittwoch, 28.10.14

Ankunft in Malecz 3.30 Uhr nachts. Verfolgen in den Schanzen. Viele Pferde u. Fahrzeuge. 6.00 Uhr Ausschlafen u. Briefe sondiert. Ruhe. 11.00 Uhr Abmarsch über Lubochnia[257] – Tomaszow [Mazowiecki] – Wolborz[258] nach Piotrkow[259]. Ankunft 8.30 Uhr abends. Dort Nachtlager in der Wohnung. Bier, Doornkart u. Wein.

Donnersta, 28.10.14

Warmes Bad, das erste im Feldzuge. Abmarsch nach Bugaj[260]. Betten. Bier.

Freitag, 30.10.14

Frische Leberwurst am Stück, Marsch von Bugaz über Siomki – Jeszow – Lask, Niechcie – nach Gorzkowice[261]. Sehr nettes junges, freundliches Ehepaar. Wäsche gewaschen, Einwohner bei Dunkelheit.

---

257 Lubochnia: 5 km südwestl. Malecz, 12 km nordöstl. Tomaszow Mazowiecki.
258 Wolborz: 15 km westl. von Tomaszow Mazowiecki.
259 Pjotrkow (pol. Pjotrkow Trybunalsky): 16 km südwestl. von Wolborz.
260 Bugaj: 3,5 km südöstl. von Piotrkow.
261 Gorzkowice: Verwaltungsbezirk 75 km südl. Lodz.

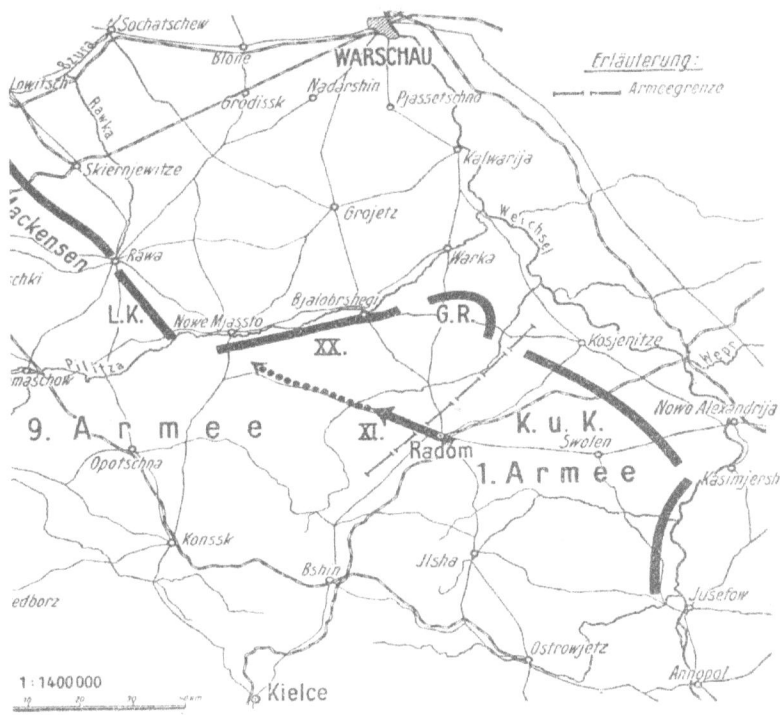

Skizze 4. Der Feldzug in Polen. Lage Ende Oktober 1914
nach dem Rückzuge von Warschau.

Karte aus Ludendorff: Meine Kriegserinnerungen 1914 – 1918, S. 71.

[149] Gorzkowice, 30.10.14
(südwestlich Piotrkow[262])

Mein liebes Frauchen!

Es ist eine Schande, in welcher Weise die Österreicher, unsere Bundesgenossen, uns in der Kriegsführung unterstützen.[263] Schon vor Warschau wurde immer wieder gemunkelt, die Österreicher wären nicht vorwärtszubringen. Während unsere Truppen 50 – 60 Kilometer täglich marschierten, sagte man, sie wären nicht zu veranlassen gewesen, mehr als 15 – 20 Kilometer täglich zu machen. Dieses Mal – so viel durchgedrungen ist – sollten sie mit 4 Armeekorps die Russen bei Iwangorod nicht durchlassen, während die Deutschen die andere russische Armee auf sich ziehen u. schlagen sollten. Während [150] unsere Truppen sich tagelang gegen 4 - 6fache Übermacht hielten u. alle Angriffe der Russen zurückschlugen, waren die anderen deutschen Truppen herangerückt zur Umzingelung. Gestern oder vorgestern sollte der Gegenschlag kommen. 5 – 8 russische Korps wären vollständig vernichtet worden. Aber es sollte nicht sein. Die Bundesgenossen wichen zurück u. damit war der Plan Hindenburgs undurchführbar. Später will ich alles noch ausführlicher beschreiben. Wir sind aber trotzdem guter Hoffnung; Hindenburg wird auch ohne diese Gesellschaft fertigwerden.[264]

Leider habe ich von Mutter aus Dessau u. von Dir lange keine Nachricht erhalten. Für den Winter bin ich jetzt so leidlich versorgt. Gestern habe ich mir einen Pelzmantel [151] (Schafspelz, Ärmel mit Kaninchenfutter u. Dachskragen)

---

262 Piotrkow (pol. Piotrkow Trybunalski): 50 km südl. Lodz.
263 „Die k. u. k. Armee war ganz anders erzogen als die deutsche. General v. Conrad hatte unsere Friedensausbildung bisher nicht hoch bewertet. Jetzt bekannte er sich mir gegenüber offen zu ihren Grundsätzen. Namentlich, meinte er, könne nicht genug Wert auf alles das gelegt werden, was die Mannszucht festige." Ludendorff a. a. O., S. 58f.
264 „Die Österreicher erlitten [am 24. – 26. Oktober 1914] bei Iwangorod eine empfindliche Niederlage und gingen nach Radom zurück.
Es war so gekommen, wie unser Hauptquartier befürchtet hatte. Die k. u. k. Armee, die seit dem 21. Oktober auf der Wacht vor Iwangorod stand, hatte zu viel Russen über die Weichsel gelassen; statt den Feind zurückzuwerfen, wurde sie geschlagen. (...)
Durch das Zurückgehen der k. u. k. Armee von Iwangorod nach Radom hatte sich die Lage vollständig geändert. Jetzt war ein starkes Nachdrücken des Feindes auf der ganzen Weichselfront zu erwarten. Wir mussten bezweifeln, dass die k. u. k. Truppen dem widerstehen würden. Auch südlich der Weichsel war ihre Lage immer kritischer geworden. Jede Hoffnung auf eine günstige Waffenentscheidung war endgültig geschwunden. Blieb die 9. Armee in dieser Gesamtlage stehen, so wurde sie mit der Zeit nur umgangen und geschlagen. Das Schicksal der k. u. k. Armee ergab sich damit von selbst. Die 9. Armee musste, um wieder operieren zu können, zurückgenommen werden ( ) Die Befehle für den Rückmarsch ( ) wurden am 27. [Oktober] ausgegeben." Ludendorff a. a. O., S. 71f.

für 60 Mark gekauft. Wollene Untersachen sind noch zur Genüge vorhanden. Heute will ich Dir gleich zu Deinem Geburtstage[265] alles Gute wünschen u. dabei für Dich u. mich wünschen, dass ich bald gesund u. munter aus dem Feldzuge zurückkehre. Als kleines Geburtstagsgeschenk hoffe ich Dir in einigen Tagen meine Ersparnisse schicken zu können.

Nun will ich in der Erzählung unserer Erlebnisse fortfahren.

Donnerstag, den 15.10.14 übernahm ich persönlich die Beobachtung von dem Kirchturm von Iwiczna Stara. Ich fand da einen Gefreiten der Feldartillerie als Beobachter u. Fernsprecher vor. Diesen beförderte ich [152] zunächst hinunter, da von den Russen sehr aufgepasst wurde, jede Bewegung auf dem Kirchturm bemerkt wurde. Ich sollte zunächst den Ziegeleischornstein von Dombrowka umschießen, da dieser als Beobachtungsposten von den Russen eingerichtet sein sollte. Ich erzielte nach kurzer Zeit 2 Volltreffer u. damit 2 große Löcher im Schornstein, aber umfallen wollte er nicht. Während ich beobachtete, erschien zunächst Oberleutnant Schulz auf dem Turm, ich wurde ihm deutlich u. schickte ihn zu seiner Batterie zurück. Dann erschien ein Infanterist, der unbedingt etwas über die Ziele wissen wollte. Ich empfing ihn sehr ungnädig u. sagte ihm gleich, den Erfolg Ihres Hierseins werden sie sofort merken. Es vergingen noch keine 2 Minuten, da kamen auch schon die ersten Schrapnells zu unserem Turm u. bald darauf schweres [153] Feuer nach der Kirche. Was blieb übrig, wir mussten die Kirche zunächst räumen. Ich blieb mit meinem Fernsprecher außerhalb der Kirche stehen u. wartete ab. Wir standen gar nicht lange dort, da sauste das erste Feldgeschoss durch die Kirchentür in die Kirche. Nach etwa 20 – 30 Minuten hörte das Feuer nach der Kirche auf. Ich ließ die Fernsprecher unten in der Kirche u. versuchte nochmals mein Heil. Ich nahm mir jetzt mit 2 Batterien eine erkannte Artillerie der Russen vor. Man konnte nur die Feuer- und Raucherscheinungen der Geschütze sehen u. sie einigermaßen mit einem dahinterliegenden Dorfe in Verbindung bringen. Leider dauerte das Vergnügen der Beschießung nicht sehr lange. Trotzdem ich mich ganz in eine Ecke des Turmes drückte, um nicht gesehen zu werden, müssen sie doch etwas bemerkt haben. Das Feuer der Russen begann von neuem. Wir stellten [154] uns wieder außerhalb der Kirche hin. Dieses Mal sollten wir aber länger warten. Nur ein Schuss traf soeben die Kirche u. beförderte uns mit sehr viel Lärm [und] etwas Schutt auf den Kopf [nach unten]. Ich versuchte nun zum dritten Mal mein Glück, aber auch nur für kurze Zeit. Während ich oben stand, sah ich zwei Geschosse in unmittelbarer Nähe der Batterien einschlagen, einen bei der 3. Batterie u. einer bei meiner Batterie. Für meine Batterie fürchtete ich schon das Schlimmste. Bald erhielt ich aber durch Fernsprecher die Nachricht, dass nichts geschehen wäre.

---

[265] Geburtstag von Auguste ist der 10. November.

Inzwischen waren wir seit etwa 7.30 Uhr früh im Feuer. Gegen 1.00 Uhr erhielt ich nochmals vom Artilleriekommandeur (General [Friedrich v.] Uhden) den Befehl, den Schornstein unter Feuer zu nehmen, es waren deutlich Beobachtungsscharten in demselben erkannt worden. Dieses waren nämlich [155] die von meiner Batterie hineingeschossenen Löcher. Schließlich war es aber gleichgültig, im Stillen hoffte ich doch, den Schornstein umlegen zu können. Die Russen nahmen sich aber dafür als Gegenleistung nochmals die Kirche vor u. dieses Mal auch tüchtig. Wir gingen also wieder in unsern stillen Winkel; in diesem waren wir nicht allein, sondern mit zahlreichen Nachrichtern zusammen. Die Granaten u. Schrapnells kamen immer dichter. Schließlich schlug eine schwere Granate in den Turm u. haute die Ecke fort, von der ich vorher beobachtet hatte. Eine Hoffnung, von demselben in nächster Zeit weiter zu beobachten, war nicht vorhanden. Ich ließ deshalb die Fernsprecher einzeln fort. Als einer derselben vor der Kirche sein Seitengewehr, das als Erdleitung mit verwendet wurde, holen wollte, erhielt er sofort als Begrüßung ein russisches [156] Schrapnell. In der Batterie hatten sie das Schrapnellziel mit angesehen u. waren sofort bemüht, nach meinen Resten zu suchen. Bei normalem Ackerboden ist die Wirkung der schweren Granaten äußerst gering. Das Geschoss krepiert mit viel Getöse, wirft eine Menge Erde in die Höhe, macht ein tiefes Loch in einem Umkreis von 2 m, trifft den, der in dieser Nähe steht u. wirft unter Nahestehenden noch einige Leute durch den Luftdruck um.

Schlacht bei Lodz
1.11. – 4.12.1914

Sonnabend, 31.10.14
Marsch von Gorzkowice – Gorzedow – Chrzanowice– Radzikow – zu Infanteriezug – Fryszerka – Novo Radomsko[266] nach Mlodziezowy.

Sonntag, 1.11.14[267]
Marsch[268] von Mlodziezowy nach Iedlno[269] – Kruplin[270]. Auf dem Marsch Erkundung der Stellung nördlich der Straße. Es soll frische Wurst geben u. Wurstsuppe.

---

266 Novo Radomsko (pol. Radomsko).
267 Am 1. November wird Generaloberst v. Hindenburg zum Oberbefehlshaber Ost ernannt. Oberbefehlshaber der 9. Armee wird nun General v. Mackensen.
268 Die Marschrichtung beider Tage ist Südwesten.
269 Iedlno: Wola Jedlinska.
270 Kruplin: 18 km westl. von Radomsko.

[169]
Kruplin, 1.11.14
westlich Nowo Radomsko.

Mein liebes Mütterchen!

Habe innigen Dank für Deine Sendung u. den Brief vom 10. Oktober; gestern erhielt ich sie. Mit Erwin[271] ist die Sache recht bedauerlich. Von anderer Seite hörte ich, er würde vermisst u. sei wahrscheinlich gefangen. An die Neuen wurden allerdings häufig ziemliche Anforderungen gestellt. Am Tage kommt man als Batteriechef selten zur Ruhe u. die Nachtstunden sind meistens sehr kurz bemessen. Die Verpflegung ist bei uns aber bisher großartig gewesen u. deshalb kann der Krieger eine Menge mehr vertragen. Bei meiner Batterie gibt es im Allgemeinen täglich zweimal warmes [170] kräftiges Essen u. Kaffee, Brot, Wurst oder Schinken, Schmalz u. häufig auch Butter ist den ganzen Tag nach Belieben zu holen. Als Neuestes wird sogar bei der Batterie Leberwurst gemacht. Vor einigen Tagen geschah es zunächst probeweise, heute soll eine große Portion fertig werden.

Erwin (l.) und Erich Pulkowski: Schliersee 1938

---

[271] Erichs älterer Bruder.

Warme Sachen für den Winter habe ich jetzt auch. Schlafsack hatte ich bereits aus Thorn mitgenommen, eine warme Decke kaufte ich mir in Radom, einen Pelzmantel (Schafspelz mit gefütterten Ärmel – weißes Katzenfell – und Waschbärkragen) für 60 Mark in Piotrkow.

Nun will ich Dir zunächst zu Deinem Geburtstag alles Gute wünschen. Mögen Deine Jungens gesund u. munter aus dem Feldzuge als Sieger heimkehren u. Du uns noch [171] viele Jahre gesund erhalten bleiben.

Von Köln kommen die Nachrichten auch nur sehr spärlich. Vorgestern erhielt ich einen Brief vom 11. August; vor dem hatte ich allerdings auch Briefe von Mitte Oktober. Mit unseren Bundesgenossen hatten wir bisher leider, trotz der großartigsten Anlage von Hindenburg, arges Pech. Unsere Truppen befreien sie aus der traurigsten Lage u. als Dank dafür zeigen sie Energielosigkeit, machen 15 – 20 km am Tage u. passen nicht auf u. wollen sich nichts befehlen lassen. Wären statt der ganzen Österreicher ¼ deutsche Truppen mehr hier gewesen, so wäre der Krieg mit Russland wahrscheinlich bereits seit einigen Tagen beendet. Kein Angriff der Russen ist bisher – so viel mir bekannt – gegen deutsche [172] Truppen gelungen.

Vor allen Dingen haben sie vor den Artilleristen mit den zwei Strichen auf den Achselklappen (11) einen Heidenrespekt. Gefangene haben gesagt, wenn diese an zu schießen fangen, ist es aus, dann können wir nicht mehr aushalten.

Es ist jammerschade, dass die Wirkung unserer Feldartillerie in den meisten Fällen gleich null ist, dazu kommt noch, dass sie diese geringe Wirkung ihrer Geschosse nur in den seltensten Fällen einzubringen wissen. Aber ich will jetzt nicht schimpfen, besser wird es dadurch nicht.

Nun lebe für heute wohl. Sei innig lieb umarmt u. geküsst von

Deinem Erich.

[172] Montag, 2.11.14

Erkundung der Stellung bei Kruplin. Stellung nördlich von Kruplin für 2. u. 4. Batterie, Beobachtung westlich Dorf. Nachmittag Ausbau der Stellung. Umzug nach Jedlno K [Kolonie][272].

Dienstag, 3.11.14

Ausbau der Stellung u. Ausschlafen.

Mittwoch, 4.11.14

Marsch[273] von Jedlno K über Brzeznica – Kuznica – Ostrowy nach Lobodno[274]. Abends Gänsebraten mit Speck u. … … (äußerst schmackhaft u. zäh).

Donnerstag, 5.11.14

Marsch[275] von Lobodno (6.00 Uhr) – Klecko – Opatow (versehentlich) Panki – Przystajn – Botzanowice – Klein Borek[276] nach Schoffschütz[277] (5.30 Uhr Nachmittag). Grenze überschritten. Preußische Chaussee. Abends Großmutter, Paula u. Tekla.

[173] Freitag, 6.11.14

Marsch von Schoffschütz – Rosenberg nach Alt Rosenberg. Sehr sauberes Zimmer. … Zeitung Feuer. Menge von Postsachen.

Sonnabend, 7.11.14

Reiche Jagdbeute von Sonnenstuhl und Thomas – 1½ Stunden – 17 Fasanen u. 6 Hasen. Abends großes Essen von Fasan mit sehr gutem Mosel u. der Frau des Hauses. Später große Füllung der männlichen Tischgesellschaft.

---

[272] Jedlno Kolonie Radomsko: 15 km westl Radomsko.
[273] Marsch von ca. 28 km in westl. Richtung.
[274] Lobodno: 18 km nördl. Tschenstochau.
[275] Tagesmarsch von 45 km nach Westen.
[276] Klein Borek (pol. Borki Male)
[277] Schoffschütz (pol. Sowczyce): bei Olesno (dt. Rosenberg).

104

Sonntag, 8.11.14
Gutes Frühstück u. 10.30 Uhr Hasenbraten. Viereck Hengst für 300 Mark. 11.00
Uhr Abmarsch zum Bahnhof Klein Lassowitz[278]. 2.43 Uhr Abfahrt über Ost-
rowo. Abendessen mit Sekt u. Bier – Strecke nach Stralkowo.

[174] Montag, 9.11.14[279]
3.30 Ankunft – Stralkowo[280]. Marsch nach Neuhausen[281] (6.30 Uhr Ankunft).
Sehr liebenswürdige Aufnahme. Frühstück. Dann Redmann, Sonnenstuhl, Viereck u. ich auf die Jagd. 5 Hasen, 1 Rebhuhn – 1½ Stunden mit 2 Gewehren. Ich
meinen 1. Hasen mit 2 Schuss. Mittags Geflügelsuppe mit Rebhuhn, tadelloser
Entenbraten mit Kompott. Abends Hasenbraten mit Kompott. Kaffee schwarz
selbst angefertigt. Durchgeschlafen 10.00 Uhr Ruhe.

[175] Sonntag, 15.11.14[282]

---

278 Klein Lassowitz (pol. Olesno Slaskie).
279 „Am 9. November 1914 war der Aufmarsch der 9. Armee zwischen Thorn und Wreschen
     beendet. Elf Infanterie- und vier Kavalleriedivisionen standen mit Front Südosten angriffs-
     bereit. Ludendorff hatte ein Meisterstück der Organisation und Logistik vollbracht. Die
     kühne, blitzschnelle Umgruppierung einer ganzen Armee über eine Strecke von 300 bis 400
     Kilometern war mustergültig verlaufen. Nicht nur Kampfverbände waren – teils per Bahn,
     teils Fußmarsch – verschoben worden, sämtliche Trosse, die Etappe, eine komplette Ver-
     sorgungsbasis hatten verschoben oder neu strukturiert werden müssen. Das alles innerhalb
     einer Woche, ohne dass der Gegner irgendetwas bemerkt hatte." Venohr a. a. O., S. 96f.
280 Strzalkowo: östl. von Wreschen (pol. Wrzesnia), östl. Posen.
281 Neuhausen: Gutsbezirk Szemborowo; Verwaltungsbezirk Königsberg.
282 Kein Eintrag für den 15.11.1914. Siehe Brief an Auguste unter diesem Datum. „Das XVII.
     Armeekorps nahm am 15. nachmittags Lenczyca und hatte hiermit nach schwerem Kampfe
     gegen das II. sibirische und halbe XXIII. Armeekorps die sumpfige Front durchbrochen,
     die sich wie ein Schutzgürtel nördlich von Lodz herumlegte." Schwarte, a .a. O., S. 482.

Montag, 16.11.14[283]

Marsch von Labno über Maze nach Leczyca[284] bei Topola halten. Mit Melder vor nach Leczyca. Befehl 1. Batterie in Stellung zwischen Leczyca u. Wilczkowice[285]. Ich Stellungsbefehl N. gegangen noch kurz nach Sierpow. 2. – 4. Batterie in Stellung Kozuby[286] östlich Topola. Ziele. Abends Alarmquartier bei Borki[287]. Franzosen. Redmann Flöhe.

Dienstag, 17.11.14[288]

Batterie zur Verfolgung 5.00 Uhr marschbereit. Marsch über Ozorkow nach Zgierz[289]. Batterien halten bei Vorwerk[290] 2½ km nördlich Zgierz. Sollte Dorf, Stadt aufgegeben werden, während noch Häuser u. Wald südlich Zgierz besetzt. Abends 1. u. 2. Batterie an den Westausgang von Zgierz. Große Einkäufe. Pferde untergestellt. Mittags im Quartier zurück.[291]

---

[283] „Die Schlacht bei Kutno, unter welchem Namen man die Kämpfe am 15. und 16. November zusammenfasst, hatte zur Durchbrechung der russischen Abwehrfront bei Gostynin – Kutno [80 km nördl. Lodz] – Lenczyca geführt. Der Mittelpunkt der russischen Nordwestfront Lodz lag noch 25 Kilometer vor den Deutschen. Vier starke russische Korps waren von fünfeinhalb deutschen geschlagen worden und hatten dem Sieger 25 000 Gefangene, 20 Geschütze gelassen. Das wichtigste Ergebnis war, dass der russische Vormarsch nach Westen hin zum Stocken gebracht und zum Abwehrkampf umgeschlagen war, der schnell nach rückwärts ging." Schwarte a. a. O., S. 482f.

[284] „Inzwischen war planmäßig der Aufmarsch der 9. Armee beendet. Die Eisenbahn hatte allen Anforderungen entsprochen. Schon am 10. November abends stand die Armee vormarschbereit: (…) XVII. A. K. südöstlich Gnesen, Marschrichtung Lentschytza."[!] Ludendorff a. a. O., S. 81f. Leczyca-Topola od. auch Lentschitza: 40 km nördl. Lodz.

[285] Wilczkowice Dolne: 3 km westl. Leczyca.

[286] Kozuby: 4 km nordöstl. Leczyca.

[287] Borki: 3 km südl. Leczyca.

[288] „Vom 17. bis 21. November tobte im Raum Lodz eine bittere Schlacht. Der eingedrückte russische Nordflügel war von Westen, Norden und Osten umklammert und befand sich in verzweifelter Lage. Großfürst Nikolajewitsch warf Korps um Korps von der 5. und 4. russischen Armee nach Norden in den Kampf. Vor allem aber führte er frische Verbände aus dem Raum Warschau heran, die nun die umfassenden deutschen Divisionen selbst umfassten. Aus einem strahlenden Sieg schien eine furchtbare Niederlage für die Deutschen zu werden." Venohr a. a. O., S. 97f.

[289] Zgierz: 11 km nördl. von Lodz.

[290] Vorwerk: siehe Anm. 35.

[291] „Am 17. November erreichte unter leichten Gefechten gegen den weichenden Feind das XI. Armeekorps den Abschnitt beiderseits des Ner bei Poddembice, das XVII. die Gegend von Zgierz, nur noch 11 Kilometer nördlich Lodz." Schwarte a. a. O., S. 483.

Mittwoch, 18.11.14[292]
Buß- und Bettag Feiertag. Befehl bei Tagesanbruch bei Kol[onie] Chelmy[293] in Stellung zu gehen an 1. Batterie. Wollte zunächst allein vorwärts. Dann Batterie durch Zgierz mitgenommen. Bei Verfolgung der Restinfanterie Feuer. (Gegen 6.45 Uhr Vormittag) Thomas mit 2. Batterie in Stellung. Schossen aus Häusern. Andere Batterie kam mit. Alles in der Stadt. Schließlich Schrapnell. Großes Feuer mit schwerer [Batterie] in die Stadt. 1 Pferd fiel. Mein Pferd im Haus. Pferde abgespannt. Schließlich zurück zur Windmühle nördlich von Stadt.

[176] Noch 18.11.14
Stellung nördlich Höhe 201. Beobachtung auf der rückwärtigen Höhe. Teilweise schweres Feuer 12,5 u. 15 cm auf die Höhen, durch Reiter veranlasst.

Ziele. Abends Batterie in Stellung geblieben nur in dem Gehöft unmittelbar vor der Batterie.

Pferde mussten im Freien bleiben, angespannt. An der Windmühle gehalten. Oberste Höhe von 1 Geschütz der Feldartillerie durch 2 Schrapnells [getroffen], die durch die beiden Wände der Mühle gingen u. dann erst krepierten.
Anlegen von Beobachtungsstellen.

---

[292] „Vom XVII. Korps wurde die 35. Division schon südl. Zgierz in Kämpfe verwickelt, sie hatte um die Mittagsstunde in Linie Aniolow – Lagiewniki [zw. Zgierz und Lodz] einen starken Feind vor sich. Der überlegenen russischen Artillerie gegenüber hatte hier das Feldartillerieregiment Nr. 71 einen besonders schweren Stand." Wulffen, Gustav v.: Der große Krieg in Einzeldarstellungen. Die Schlacht bei Lodz. Oldenburg 1918, S. 30. „Das XVII. Armeekorps, dem an Stelle der 36. Infanterie-Division die 22. Infanterie-Division des XI. Armeekorps zugeteilt war, führte sehr heftige und unentschiedene Kämpfe um den Besitz von Zgierz, da die Sibirier mit starken Kräften durch die Wälder westlich der Stadt vorstießen und die 35. Infanterie-Division zur Zurücknahme des rechten Flügels veranlassten. Das Ringen um Zgierz dauerte während der ganzen Nacht." Schwarte a. a. O., S. 484.
[293] Siedlung bei Zgierz mit einem hohen Anteil an schlesischer Bevölkerung.

Dritte Kladde

1.11. – 4.12.1914

Kruplin, 1.11.14
westlich Novo Radomsk

Mein liebes Frauchen!

Wir sitzen hier gemütlich in einer Bauernstube und gedenken des Geburtstags-
kindes[294] in Köln bei mehreren Flaschen Ungarwein u. Bier. Du wirst dem Großen sicherlich einen prächtigen Geburtstagstisch fertig gemacht haben u. dabei
des Kleinen[295] nicht vergessen haben.

Von Mutter erhielt ich gestern nach längerer Zeit einmal Nachricht (vom
11.10.), von Dir kam sogar ein Brief vom 11. August an.

Nun will ich fortfahren in der Erzählung. Freitag den 16.10.14 eröffneten
wir erst ziemlich spät das Feuer. Da infolge des schlechten Wetters unsere Flieger
nicht aufgestiegen waren, waren die Nachrichten über die feindlichen Artilleriestellungen meistens spärlich u. ungenau. Ein merklich lohnendes Ziel war kaum
vorhanden. Für feindliche [2] Infanterieangriffe sagte Rausch, der unentwegt an
der Mühle von Iwiezna Nowa verharrte, dass sie blutig abgewehrt wurden.
Thomas beobachtete an der Kirche in Piasczesno trotz der schweren Feuer auf
diesen Ort ruhig weiter. Da die Russen es anscheinend auf einen Angriff auf nur
nördliche Richtung abgesehen hatten, boten sich ihm zahlreiche Ziele. Zimmermann hatte sich erboten, an diesem Tage die Beobachtung nochmals von der
Kirche von Iwiezna Stara zu versuchen. Die Fernsprechleitung war schon gelegt
u. er wollte den Turm besteigen, da stellte sich jedoch heraus, dass kurz vorher
einige Feldartilleristen und Infanteristen diesen besuchen oder besichtigen wollten u. daher ein derartiges Feuer von 2 Richtungen auf dem Turm u. dem Ort lag,
dass es vorzuziehen war, auf dieses Vergnügen zu verzichten. Eine Beobachtung
von dort war vorderhand völlig ausgeschlossen.

[3] Schon am Tage vorher hatten wir bemerkt, dass die Russen erst mit ihrem Feuer nach unserer Feuereröffnung begannen. Da wir keine besonderen
Ziele hatten u. außerdem mit der Munition sparsam sein sollten, warteten wir, so
lange es ging. Bald wurde aber von der Division oder Brigade verlangt, es solle
nochmals der berühmte Schornsteinschütze auftreten, da oben am Blitzableiter
des Schornsteins ein Beobachter bemerkt wurde. Ich beobachtete rückwärts der
Batterie von einem Scheunendach in Orezna u. schoss noch 2 Löcher in den
Schornstein, umlegen ließ er sich aber nicht.

---

[294] Geburtstag von Horst, dem ältesten Sohn von Auguste und Erich (1.11.1908 – 9.2.19139).
[295] Hans-Henning (27.1.1910 – 14.12.2002).

Außer der Kirche nahmen sich die Russen nun unserer an. Die Schüsse gingen allerdings meist zu kurz, da sie uns wohl näher am Dorf vermuteten. Piascezno wurde dagegen wieder reichlich mit schweren Granaten bedacht.

[4] Jadlo, 3.11.14
bei Novo Radomsk

Heute erhielt ich von Dir einen größeren Brief u. Paketsendung. Außer 4 Briefen erhielt ich 2 Sendungen an Keks, von Mutter ein wollenes Hemd. Im Allgemeinen kommt alles an, wenn auch teilweise verspätet.

Wenn die Österreicher so haben hungern müssen, wie Höller schreibt, so muss es wohl an ihrer trefflichen Kriegsführung u. ihrer tadellosen Nachschubart liegen. Vieh und Geflügel, Kartoffeln, Gemüse haben wir noch in den elendsten Orten gefunden. Wir haben manchmal mit Schrecken die Dörfer betreten u. schließlich war es gar nicht so schlimm. Das Zimmer, welches die Familie bewohnte, wurde geräumt u. gesäubert, die Betten nach Möglichkeit herausgeschafft u. dann faulendes Stroh [weg]geschüttet. In Betten legen wir uns nur noch, wenn sie ganz besonders sauber u. gut sind, jedenfalls in solche mit Strohschüttung nicht mehr. Trotzdem schließt dieses nicht aus, dass man Ungeziefer aller Art fängt. Flöhe sind selbstverständlich [5] bei jedem vorhanden u. Läuse aller Art sehr häufig. Ein gewisses Juckgefühl gehört deshalb bei uns zum allgemeinen Wohlbefinden. Schade, dass man keinen hat, der das Jucken besorgen kann. Gegen Wollsachen habe ich eine gewisse Voreingenommenheit, diese lieben nämlich diese Tierchen ganz besonders. Unterzeug usw. deshalb nicht mehr schicken. Gestern u. heute ist wieder alles gewaschen u. so reiche ich mit der Wäsche auf ein halbes Jahr, wenigstens in den Kriegszeiten, wo man nicht so häufig waschen [kann] u. alles feldgrau ist bzw. wird.

Die kurze Schutzdecke habe ich bereits vor wenigen Tagen von Eisenschmidt[296] erhalten.

Falls Ilse versetzt ist, bezahlt er bzw. das Amt Mietentschädigung für 9 Monate, aber erst nachträglich. Jedenfalls versuche aber das Haus zu vermieten. Die Miete in Thorn wird vom Amt bezahlt, da Du doch ausgewiesen bist. Die 400 Mark erhältst Du nämlich von meinem Kriegsgehalt, ich behalte auch reichlich übrig (225 Mark).

[6] Autos mit Liebesgaben kommen zu uns nicht, bei diesen Wegen können Autos nur die Chausseen I. Klasse fahren u. diese sind hier äußerst selten. Selbst die höheren Stäbe sind in den allermeisten Fällen gezwungen, das Auto zu vermeiden u. zu reiten. Kakao ist nicht nötig.

Einige von den Aufnahmen, die leidlich geworden sind, füge ich bei. Die damals geschickten waren allerdings für die Zeitung nicht geeignet. Wann ich einmal dazu kommen werde, mich photographieren zu lassen, ist recht unbestimmt.

---

296 Verleger des von Erich herausgegebenen „Leitfadens für den Unterricht der Kanoniere und Fahrer der Fußartillerie".

111

Mit Warschau wäre es allerdings sehr schön gewesen. Die Österreicher werden aber ihre Unzuverlässigkeit wahrscheinlich schwer zu büßen haben. Was ich übrigens von Kriegskometen schrieb, beruht auf Wahrheit. Tatsächlich konnten wir bei unserem Ausrücken aus Staßwinnen nach Lötzen u. auch vor Warschau einen Kometen [7] sehen. Ob er jetzt noch zu sehen ist, weiß ich nicht. Die Zeitungen werden darüber sicherlich etwas geschrieben haben, bloß ist es übersehen worden.[297]

Liebesgaben für die Batterie zu schicken, halte ich für überflüssig. Bekommen tun wir sie gänzlich bestimmt nicht.

Du hast nun auch Kriegszeiten mit Deiner langen Liegekur durchgemacht. Hoffentlich ist jetzt aber alles in bester Ordnung.

---

[297] „Im Schlusskapitel seines Buches >Der grausame Komet< (2017) schlägt Andreas Bähr einen Bogen zum Beginn des Ersten Weltkriegs, wo Soldaten im September und Oktober 1914 einen neuen "Kriegskometen" am Himmel beobachten konnten. Es gab Kommentatoren, die sofort auf den Winterkometen von 1618 verwiesen, und im Jahr darauf verschickten deutsche Frontsoldaten Feldpostkarten, auf denen Christus, der Komet und der Satz stand: >Herr vergib ihnen!< Die Kosmologie wurde hier zu einem Instrument der nationalistischen Propaganda: Die Sünder befinden sich allesamt auf der anderen Seite der Front. Der Komet auf der Karte verkündet Gottes Zorn über die Franzosen, denen die mit Pickelhauben geschmückten Gräber im Vordergrund zur Last gelegt werden. Heilsgeschichte fließt in Nationalgeschichte über, und so erhält das Kriegsgeschehen von Neuem einen höheren Sinn." In: FAZ vom 24.1.2018.

[8] Alt Rosenberg[298] (in Schlesien), 7.11.14

Mein liebes Frauchen!

Nun sind wir wieder auf deutschem Gebiet, ein Hochgenuss, Läuse und Flöhe in geringerer Zahl und gute Menschen dafür in Menge zu haben. Unseren Pferden ist in den letzten 4 Wochen sehr viel zugemutet worden. Die meisten Leute können es nicht verstehen, dass die Pferde der schweren Artillerie weit mehr zu ziehen haben, als die aller anderen Waffen u. doch bei gleichem Pferdematerial das Gleiche verlangt wird.

Gestern erhielten wir alle reichlich Postsendungen. Von Dir waren Briefe vom 23.9., 29.9., 5. u. 6.10., 11.10., von Mutter ein Brief vom 23.10. dabei. Wollene Sachen, Schokolade, Schuhpaste, Zahnpaste usw., Strümpfe u. warme Sachen schicke nicht mehr, [9] wie ich schon schrieb, bin ich mit Allem jetzt <u>reichlich</u> versehen. Ein Glück, dass Du vor allen Dingen hierher keinen Pelz bestellt hast. Für wollene Sachen schwärme ich nicht sehr; 1. habe ich sie nie ernst geliebt, 2. habe ich bei anderen häufig Läuse darin gefunden. Im Übrigen möchte ich aber nicht behaupten, dass ich gänzlich verschont von diesen lieblichen Tieren bin. Gewisse kleine Tierchen machen [sitzen] auf alle Fälle, wenn ich hohe Stiefel anhabe (Exerzier- oder Gefechtsübungen in der Gegend) zwischen Fuß und Knien meistens so tief, dass ihnen eine unliebsame Störung meinerseits nicht begegnen kann.

Zigarren (50) u. Zigaretten (100) sind gestern gut angekommen. Die Herren lassen herzlichst danken u. werden wohl nächstens noch schreiben. Mit Kaufwaren sind wir in letzter Zeit sehr gut gestellt gewesen. Zigaretten, namentlich wie ich sie liebe, gut [10] in Russland zur Genüge u. Zigarren bekamen wir vor wenigen Tagen von der Etappe geliefert. Für jeden Offizier 50 Stück, für die 2. Batterie außerdem noch 100. Heute kamen wiederum 50 Zigarren u. 30 Zigaretten. Die gelieferten Zigarren sind ganz ausgezeichnet, Preis 10 – 12 Pfennige, im Frieden aber für diesen Preis nicht zu haben. Schon seit längerer Zeit schreibe ich übrigens ganze Briefe ins Tagebuch u. schlage dabei durch. Nach Gumbinnen tat ich es nicht u. nun ist da eine gewisse Lücke bemerkbar, weil ich später keine Lust hatte, nochmals dieselben Sachen zu schreiben. Bei besonderen Gelegenheiten bekommt Mutter in Dessau auf diese Weise gleichzeitig mit Dir denselben Durchschlag, bloß die Überschrift u. der Schluss wird geändert.

---

[298] Rosenberg (pol. Olesno).

[11] <u>Beschafft</u> haben wir uns in Russland im Allgemeinen nichts, es sei denn, dass die Bewohner geflüchtet waren u. ihr Vieh zurückgelassen hatten. Im letzteren Falle mussten die mitfühlenden Herzen nochmals dafür sorgen, dass das Viehzeug rechtzeitig in den Topf kam. Nahrungsmittel sind selbst in Russland stets bar bezahlt worden, selbst Pferde und Futtermittel sind häufig sofort durch Geld bezahlt, immer sind Bescheinigungen ausgestellt worden. Also ordnungsmäßig ist stets verfahren worden. Dass es trotzdem manchmal hart den Bewohnern war, wenn ihnen der letzte Hafer u. das letzte Huhn gegen Bescheinigung genommen wurde, oder die Bewohner, falls sie geflohen waren, die Scheunen leer fanden, ist selbstverständlich. Die Russen sind im Allgemeinen so zartfühlend nicht gewesen.

[12] Wer sich bei den Deutschen im Kriege schlecht benimmt, wird auch ebenso behandelt. Es gibt selbst Augenblicke, wo die Peitsche seine [ihre] Schuldigkeit tut. Diese Brüder kennt man aber aus den Friedenszeiten, auch erkennt [man] sie im Kriege bald.

Eisenschmidt wird sich über den Absatz des Leifadens usw. nicht beruhigt haben. Im Kriege glaubt jeder alles besser zu wissen u. trotzdem ist [der] derzeit ausgebildete Friedenssoldat der beste. Ein <u>gut</u> ausgebildeter Friedenssoldat darf sich schon einige Abschweifungen vom Reglement erlauben, ein Reserveoffizier jedenfalls niemals. Leider müssen zur Ausbildung unserer Ergänzungsbrigaden nicht die besten Offiziere zurückbleiben. Aber selbst aktive ältere Offiziere suchen häufig den Erfolg des Krieges in kleinlichen Manöveranordnungen u. Ordnungsvorschriften.

[13] Willy kann u. war wahrscheinlich stolz auf seinen Bataillonskommandeur mit der unordentlichen Gestalt u. schwächlichen Stimme usw. Im Übrigen hat er aber sehr Recht, ehe die Franzosen oder Russen einen totschießen, sehen sie noch, ob der Betreffende die Riemen seiner Gamaschen ordentlich angezogen hat. Die es nicht haben, sind unrettbar im Frieden u. im Kriege verloren.

Du schreibst von Splett u. dem Wiedersehen mit seiner Frau. Richtig im Zuhause scheint Splett noch nicht gewesen zu sein. Wozu ein Wiedersehen, wenn man weiß, dass der Abschied nachher umso schwerer sein wird; wozu Wunden aufreißen, die sonst vernarben? In den nächsten Tagen könnten wir uns wahrscheinlich wiedersehen, aber es wäre für Dich eine große Anspannung u. Aufregung u. ich wäre in der Zeit kein rechter Soldat.

[14] Willy wird wohl inzwischen eine Anstellung bei der Truppe gefunden haben. Die Briefe kommen leider so spät, meist nach 4 Wochen, dass es nun nicht mehr lohnt, an Mueller zu schreiben. Meldereiter sind augenblicklich zur Genüge vorhanden, ich habe allein 2 Fähnriche u. 1 Junker (Obertertianer aus dem Kadettenkorps) bei der Batterie.

Petri stand als schwer verwundet in der Zeitung. Versagen der Nerven ist jedenfalls schlimmer als verwundet zu sein. Nach Mitteilung von Mutter in Dessau soll Erwin leider auch mit den Nerven zusammengebrochenen sein u. irgendwo im Lazarett liegen. Oberst Zanker ist übrigens gut wiederhergestellt im Felde eingetroffen, man sagte ihn auch schon tot.

[15] Morgen treten wir wieder eine kleine Reise an, wohin?[299] Wir sind immerhin stolz darauf, dass wir im Allgemeinen Schwung in die Russen bringen, uns sehen sie wohl nicht gern; bisher haben sie unsere Begegnung stark bereuen müssen, selbst wenn wir in weit geringerer Zahl waren.

---

[299] Fahrt mit dem Zug nach Strzalkowo.

[16] Giewartowo, 11.11.14
nordöstlich Wreschen.

Mein liebes Frauchen!

Wir sind schon wieder in diesem gottverlassenen Russland, bloß an einer anderen Stelle. Dass es deshalb aber schöner ist, kann man beim besten Willen nicht behaupten.[300]

Gestern u. heute früh erhielten wir noch sehr reichliche Postsendungen. Briefe vom 30.9., 1.10., 9.10., zwei vom 12.10., 13.10., 14.10., 18.10., 19.10. (zwei), 20.10., 21.10., 22.10., 3 Pakete 22.10., 23.10., 24.10. (26.10. von Gerta[!] mit Sendung), 26.10, 27.10, 30.10; außerdem 3 Pakete mit Zigarren. Für alles habe herzlichen Dank, es ist sehr reichlich an Esswaren unglaublich vorhanden, sodass wir kaum wissen, wohin damit.

[17] Dir ganz besonders einen sehr lieben Kuss für all Deine Liebe u. auch je einen herzlichen Kuss Mutter u. Lotti für das liebe Gedenken. Ich will nun versuchen, Dir auf Deine Briefe zu antworten.

Von unserer Verpflegung schrieb ich schon häufiger. Mehr können wir wirklich nicht genießen. Vorgestern in Neuhausen wurden wir äußerst liebenswürdig empfangen. Redmann musste als Quartiermacher in jedem Hause Kaffee trinken. Mittags gab es vorzügliche Hühnersuppe, noch vorzüglicheren Entenbraten, junge Hühnchen u. Kompott. Abends gab es prachtvollen Hasenbraten mit Kompott.

Dein Geburtstag[301] wurde gestern besonders festlich begangen. Morgens gingen wir zunächst auf die Jagd. Viereck schoss 10 Hasen, 2 Fasanen u. 1 Rebhuhn, ich mit 5 Schuss 1 Rebhuhn. Am [18] Tage vorher hatte ich mit 2 Schuss 1 Hasen geschossen. Mittags gab es Hasenbraten u. Schweinebraten, Kompott u. süße Speise. Dazu Ungarwein, zum Nachtisch ein Glas Bier u. selbst angefertigten Kartoffelschnaps. Abends wurde als Vorspeise Gänseleberpastete gereicht, dann Rebhühner, Fasan, Kompott u. zum Nachtisch Pumpernickel mit Butter u. Käse. Dazu wurden von mir 2 Flaschen Henkel gestiftet. Wir haben häufiger Deiner gedacht.

Die Feldpost kann bei den hiesigen Verhältnissen kaum besser arbeiten. Wenn einige bisher noch keine Nachricht erhalten haben, so liegt dieses in den meisten Fällen an der vollständig falschen Adresse. Bei den vielen Formationen, die jedes Regiment aufstellt, [19] muss unbedingt Linie, Kaserne, Landwehr usw.

---

[300] Das XVII. Armeekorps befand sich am 11. November bei Wreschen (pol. Wrzesnia), 50 km östlich von Posen. Schwarte a. a. O., S. 477.

[301] Auguste wurde am 10.11.1877 in Köln-Kalk geboren.

mit Batterie usw. angegeben werden. Ich habe häufig die Briefsachen geholfen zu sortieren u. so konnte ich manchmal die unglaublichsten Adressen finden zum Beispiel „An den Kanonier P. Mittel Jodupp, zur Zeit im Forsthaus".

Wie ich Dir schon schrieb, für die Batterie etwas Besonderes zu schicken, hat wenig Zweck. Die Entfernung ist so weit, dass die Liebesgaben an sie jedenfalls nicht ankommen. Den Wunsch von Vater, ihm Kriegsbeute zu verschaffen, kann ich ihm leider augenblicklich nicht erfüllen. Gelegenheit war vorher reichlich vorhanden, wir sind aber meist übereingekommen, dass es sich nicht lohnt, [sich] mit diesem Zeug zu beladen. Nach dem Kriege kann [20] man für weniges Geld viel von dem Unsinn haben. Für mich hat eine Kriegsbeute überhaupt nur Zweck, wenn sie im Kampf von Mann gegen Mann erworben ist. Widerwärtig finde ich es, sich mit Waffen usw. von Toten u. Verwundeten oder mit fortgeworfenen Sachen zu bereichern.

Der Gedanke, sich einmal wieder im Arm zu haben, ist sicherlich schön u. begehrenswert. Vorläufig wagt man aber kaum daran zu denken. Wer weiß, wie lange der Krieg überhaupt noch dauern wird. Im Stillen hoffen ich u. die andern nur, dass der Krieg ebenso plötzlich aufhört, wie er begonnen hat.

Die Zigarren sind sehr gut, die Zigaretten lassen einiges zu wünschen übrig; man ist hier sehr verwöhnt mit der Zeit.

[21] Die Aufnahmen mit dem Apparat wollen gar nicht recht gelingen. Aufnahmen bei vollem Licht u. mit Momentverschluss sind über[be]lichtet, anderen fehlt es dafür. Es ist möglich, dass die Filme zu alt sind. Einige Bilder füge ich noch bei. Warme Sachen schicke bitte nicht mehr, wir sind reichlich versehen.

Die Wegeverhältnisse sind allerdings jämmerlich in Russland. Am Tage geht es noch immer, wenn sie auch äußerst viele Pferdekräfte verlangen, nachts sind die Wege aber lebensgefährlich. Dazu kommt noch, dass die Wege als solche häufig gar nicht erkennbar sind u. man dauernd in Gefahr ist, den Weg verlassen zu haben.

[22] Landhaus bei Aniolow, 4 km südwestlich [westlich] Zgierz
27.11.14

Mein liebes Frauchen!

Deine lieben Briefe vom 5., 7., 9. u. 13. (2 Stück) November habe ich erhalten.
Gesundheitlich scheint es Dir doch immer noch nicht gut zu gehen. Wir sind jetzt
schon tagelang an derselben Stelle, es wird alles so geheim gehalten, dass wir nicht
wissen, was noch geplant ist. Wir hoffen aber auf einen sehr großen Erfolg, der
uns wenigstens für einige Zeit Ruhe gibt.
    Die Unterbringung hier in dem Landgut lässt nichts zu wünschen übrig.
Von Casier u. Gustav Schlee kamen vor einigen Tagen Liebesgaben an, die wir in
guter Stimmung unserem Innern einverleibt haben.

[23] (7 Aufnahmen des Landhauses bei Zgierz.)

    Gestern brachte unser Verpflegungsoffizier (Hauptmann Schlinck) sogar
mehrere Pfund Kaviar u. geräucherten Stör u. Schokolade von erbeuteter russischer Bagage mit. Jeder von uns konnte sich ordentlich von Kaviar satt essen und
es blieb selbst noch für heute Morgen etwas übrig.
    Den Brief von Schilb finde ich etwas komisch; ihr Mann scheint für sie nicht
mehr zu existieren. Schon aus Klugheit hätte sie wenigstens etwas darüber verlau-
ten lassen müssen. Der Brief von Emmy hat mir viel Freude gemacht, sie ist wie
immer: unermüdlich an der Nähmaschine.
    Wer weiß, wo Willy u. Hugo hinkommen. Hugo ist wahrscheinlich in unse-
rer Nähe im Gefecht. Willy wird vielleicht in unserer [24] Nachbarschaft sein. Ich
gebe zu, dass ich bereits früher dafür hätte sorgen können, dass er hergekommen
wäre, ich habe es aber vermieden. Wenn er den Wunsch ganz besonders gehabt
hätte, so mögen er u. seine Frau für diesen Wunsch stehen, eine Lebensversiche-
rung ist der Krieg jedenfalls nicht.

28.11.14

Gestern kam ich nicht weiter zum Schreiben, es wurde zu gemütlich u. dann hat
jeder etwas zu erzählen.
    Jetzt in der kälteren Jahreszeit wird im Allgemeinen nachts nicht im Freien
geblieben; wenigstens nicht unsere Besetzung der Artillerie. Die Schützengräben
sind selbstverständlich besetzt, unsere Pferde u. Mannschaften ziehen aber in der

Nähe der [25] Geschütze unter Dach. Genügend Platz findet man in den polnischen u. russischen Dörfern fast immer. Gute Stuben, Salons u. Schlafzimmer für die Offiziere sind natürlich nicht vorhanden. Meist werden aus der aus einer Stube bestehenden Familienwohnung die menschlichen Bewohner hinausbefördert u. dann für die Offiziere u. Fähnriche ein großes Nachtlager hergerichtet. Je besser es gelingt, die Stuben von Betten, Schränken usw. zu säubern, umso mehr ist mit einer ruhigen Nacht zu rechnen u. umso weniger hat man zu erwarten, dass man noch tagelang von einigen der liebenswürdigen Bewohner der Häuser begleitet wird. Da sich diese Stuben meistens gut heizen lassen, braucht man zum Zudecken höchstens eine Decke, ein Schlafsack ist deshalb unnütz.

[26] Nun will ich versuchen, über unsere Irrfahrten weiter zu berichten u. hierbei gleichzeitig die Lücken in meinem Tagebrief ausfüllen.

Am 11.11.14 marschierten wir von Neuhausen (6 km) nordwestlich Strzalkowo) über Staw – Katharinendorf nach Ostrowo[302]; dort gliederten wir uns in die Marschkolonnen der Division ein. Mit sehr gemischten Gefühlen überschritten wir die Grenze. Man glaubt nicht, welch enormer Unterschied zwischen deutschem u. russischem Land selbst dicht an der Grenze ist. Man glaubt aus dem deutschen Land in das ärmste zu kommen u. fühlt sich aus [mit] einem Satz in einen Schweinestall versetzt. Sofort beginnen die furchtbaren Wege u. die Lehmhütten u. um diese Lehmhütten ein undurchdringbarer Dreck (Schmutz ist zu gelinde gesagt).

[27] Gegen 3.00 Uhr Nachmittag ging das Bataillon bei Giewartow zur Ruhe über. Wir fanden bei dem Pfarrer Unterkunft. Dieser Mann zeigte sich uns durch äußerste Sparsamkeit, sehr kalte Zimmer u. eine sehr hässliche und noch sparsamere Hausdame. Sonnenstuhl musste sich wegen seines Furunkels im Rücken zu Bett legen u. blieb am nächsten Tage zurück. Der Pfarrer sollte übrigens, da er mit Kirchenlichtern zu sehr sparen wollte, am Tage vorher in unangenehme Berührung mit einigen Infanteristenhänden gekommen sein. Die meiste Zeit lief er zu Boltens Entsetzen ruhelos wie ein geschlagener Hund im Zimmer umher.

Wir hatten keine Ahnung, was man mit uns vorhatte. Wir glaubten lediglich, [28] defensiv hart an der Grenze liegen [zu] bleiben. Umso mehr waren wir erstaunt, als es am 12.11.14 sehr früh wieder weiterging. Wir marschierten über Kanpiel – Kleczew – Slesin u. bezogen abends Unterkunft mit dem ganzen Bataillon u. der 1. Munitionskolonne in Ruda (8 km westlich Sompolno[303]). Erst nach dem Marsche erfuhren wir Näheres über die augenblickliche Kriegslage u. es wurde uns klar, dass wir sehr bald ins Gefecht kommen würden.

---

302 Ostrowo Koscielne: westl. von Lodz.
303 Sompolno: 100 km nordwestl. von Lodz.

In Ruda fanden wir ein leidlich sauberes Zimmer. Wir waren kaum untergezogen [untergebracht], da kam Bolten strahlend mit mehreren Flaschen (2 Ungarwein, 2 Veuve Cliquot[304] an, er wollte seine Eiserne-Kreuz-Verleihung feiern. An dem Abend saßen wir [29] äußerst gemütlich beisammen. Ein besonders Schlafpulver hatte nachher keiner nötig. Zu dem Sekt wurden noch die vorhandenen Delikatessen gereicht. Gänseleber mit Mostrich.

Am 13.11.14 marschierten wir in der Division von Ruda über Sompolno nach Babiak[305]. Hier war Mittagsrast. Abends bezog die Batterie Unterkunft im Vorwerk Grochowiska (6 km nördlich Brdow[306]).

Am14.11.14 sollten wir um 5.00 Uhr früh am Nordausgang von Brdow stehen. Durch die späte Befehlsübermittlung wurde es aber über eine Stunde später. Auf Umwegen marschierten wir nach Luboniek u. warteten weitere Befehle ab. Nach etwa 2-stündigem Warten wurden die [30] Batterien über Klodawa[307] weggezogen in eine Stellung bei Jozefow[308]. Beobachtung von Straszewski. Vom Gegner konnten wir in der Hauptsache nur abziehende Kolonnen sehen, die aber leider mit unserer Schussweite nicht zu erreichen waren. Schützengräben u. Dörfer waren nur äußerst schwach besetzt.

Bei Dunkelheit fanden wir Unterkunft u. gute Aufnahme in Straszkowek[309]. Tee wurde in Mengen serviert, dazu Brot u. kurze Zeit auch Butter. Abends gab es 1 Gläschen Cognac, ein wenig Hasenbraten, schlechten Kaffee u. wiederum sehr viel Tee. Für die Nacht waren sogar teilweise Betten vorhanden. Die Batterien blieben weiter in Stellung, Pferde wurden jedoch in Straszkowek [31] untergezogen.

Am 15.11.14 wurde ich schon um 4.15 Uhr aus dem Bett geholt. Die Batterien sollten noch bei Dunkelheit Stellungswechsel machen. 1. u. 2. Batterie unter meinem Kommando nach Rgielew[310]. Gegen Mittag ging das Bataillon zur Verfolgung über Klodawa vor. Das Bataillon sollte sofort in Stellung gehen, sobald der Wald frei von Feinden sei. Der Herr Kommandeur läuft nun los, die Batterie stets hinterdrein. Alles Zurufen vonseiten der Infanterie half nichts, erst das Feuer der russischen Infanterie gebot ihm Halt. Die Kerls schossen aus einem etwa 600 – 800 m entfernten Gehöft auf uns. Wir warteten nun in Deckung, bis unsere Infanterie [32] weiter vorkam. Bei Wrzaw Ostalow[311] gingen wir schließlich in

---

304 Veuve Cliquot Ponsardin: Champagner aus Reims.
305 Babiak: 14 km südöstl. Sompolno.
306 Brdow: 4 km östl. Sompolno.
307 Klodawa: 20 km östl. Kolo.
308 Jozefow: heute Josefow Guzowski, 2 km südl. Klodawa.
309 Straszkowek: 4 km südl. Klodawa.
310 Rgielew: 3 km südöstl. Klodowa.
311 Ostalow: 15 km östl. Klodowa.

Stellung u. nahmen uns die Stadt Krosniewice[312] u. die rückwärtigen Straßen vor. Dann wurde abgefüttert u. gegessen. Noch bei Helligkeit wurden in Krosniewice die Quartiere verteilt u. wir hofften im Stillen, wir würden bald zur Ruhe kommen. Da es aber Sonntag war, wurde es anders. Die 2. Batterie sollte in das Vorwerk Wygorzele[313]. Man konnte also annehmen, dass es dort für Menschen u. Pferde sehr gut sein würde. In Milonice mussten wir infolge kreuzender Kolonnen 1 – 2 Stunden warten. Auf der Karte ist von dort eine breite Chaussee eingezeichnet, also wie soll man dies verstehen? [33] Tatsächlich saßen wir aber auf einmal auf einer nassen Wiese mit den Batterien u. von einem Weg, der nur annähernd einem gepflasterten Wege glich, war nichts zu finden. Wir schickten nun zur Erkundung einen Offizier auf dem einzig möglichen Wege vor. Dieser schickte bald zurück, wir müssten zunächst, um vorwärts zu kommen, ein gefallenes Pferd beiseiteschaffen. Dann warteten wir noch etwa ½ Stunde u. entschlossen uns loszufahren. Zur Sicherheit wurden Laternen angesteckt u. 1 Mann mit einer solchen vorausgeschickt. Der Weg war ohne Beleuchtung lebensgefährlich.

[34] Bei Vorwerk Wygorzele erwartete mich ein Unteroffizier mit der Meldung, dass das ganze Vorwerk nur aus 3 elenden Häuschen bestünde u. [an] eine Unterkunft doch nicht zu denken wäre. Leutnant Redmann hatte deshalb im Dorf Wygorzele Quartier gemacht, es seien noch etwa 5 km Marsch. Wir waren noch keine 5 Minuten unterwegs, da kam auch schon Redmann mit der erfreulichen Nachricht, dass er aus dem Dorf hinausgeschmissen [worden] sei, da dort die 36. Infanteriedivision untergebracht sei. Wir sollten am besten bei Labno[314] biwakieren. Was blieb also übrig, mithin dorthin. Um 10.00 Uhr abends waren wir endlich so weit, dass wir Biwak bezogen hatten u. für uns ein elendes Zimmerchen mit Stroh [35] hergerichtet hatten. Zur größten Freude erfuhren wir dann noch, dass unsere Fahrküche u. der Packwagen irgendwo mit Viereck zurückgeblieben wären. Wo, war nicht festzustellen. Essen u. Schlafdecken fielen deshalb aus u. wurden durch Pellkartoffeln mit Salz u. nachher infolge des schlechten Ofens durch Frieren ersetzt. Nachts wurde es so kalt, dass Redmann sich entschloss, nochmals den Versuch mit Heizen zu machen. Dazu kam noch, dass infolge der stark überfüllten Dörfer alle Augenblicke jemand an der Tür rappelte. Wir waren schließlich zur Ansicht gekommen, dass der Sonntag in jeder Weise würdig verlebt war.

---

312 Krosniewice: 20 km östl. Klodawa.
313 Wygorzele: 15 km südöstl. Klodowa.
314 Labno: 3 km östl. Wygorzele.

[36] Adventsonntag 29.11.14
Landhaus bei Zgierz.

Mein liebes Frauchen!

Heute erhielt ich bereits Deine lieben Briefe vom 10., 19., u. 20. November. Wenn die Post so schnell Briefe bringt, muss es nicht schlecht um uns stehen. Gestern erhielten wir die Nachricht, dass bisher bei der Etappe 80.000 gefangene Russen durchgekommen wären. Immerhin eine ganz stattliche Zahl.

Hier in einer Lodzer Zeitung lasen wir auch einiges über die Warschauer Tage. Die Verluste bei den Russen müssen entsetzlich gewesen sein. Die Zeitung erzählt, dass bei Erstürmung bzw. dem Versuch der Erstürmung von 1 Oberst, 5 Offizieren u. 300 Mann alle Offiziere u. 279 Mann [37] gefallen seien. Über Warschau sollen unsere Flieger kürzlich 15 Bomben in die Stadt geworfen haben u. meist mit gutem Erfolg. Heute fand ich auch den ersten Zeitungsbericht in der Kölnischen Zeitung. Man muss sich schämen, der Urheber dieser Artikel zu sein, so miserabel sind sie zusammengestellt. Die ganzen Schlachttage sind durcheinandergeworfen. Am besten höre daher auf, weitere Briefe zu veröffentlichen.

Wünsche für die Weihnachtspakete sind keine besonderen vorhanden u. würden auch zu spät kommen. Mein Weihnachtswunsch ist bloß, dass der Krieg bis dahin beendet ist u. wir gesund und munter bei unseren Lieben sind.

[38] Die Kölnischen Zeitungen kommen gut an, meist früher als Briefe u. Paketchen[!]. Eine Regenweste ist nicht mehr nötig. Das Aussehen unserer Leute ist natürlich der Länge des Feldzuges entsprechend. Wenn man 3 – 4 Monate lang Tag u. Nacht denselben Rock u. dieselbe Hose anhat, so sieht diese nicht mehr neu aus. Die Spuren des Nachtlagers u. der Feldküche machen sich doch bemerkbar. Hier haben jedenfalls die Leute noch nicht gehungert. Die Pferde sehen so aus wie gute Bauernpferde, die viel zu arbeiten haben, nicht zu viel Hafer bekommen u. wenig geputzt werden. Die Mairose hat sich leider seit längerer Zeit ein Hahnenauge auf dem [39] Rücken angelegt u. ich reite deshalb einen bei Tannenberg beschafften 3½ jährigen Fuchs. Dieser hat vor allen Dingen den großen Vorteil, dass er selbst bei den miserabelsten Wegen sicher geht u. nicht stolpert.

Von Söldner stand es auch in der Kölnischen Zeitung. Im Übrigen geht es ziemlich mit der I. Klasse [Eisernes Kreuz I. Klasse] nach Rang u. Würden. Thomas u. ich sind auch bereits eingegeben u. hätten es auch schon, wenn nicht ein störendes Moment beim Bataillon wäre, das überall Missfallen erregt. Wenn ich es nicht bekomme, werde ich mich nicht weiter darüber aufregen. Den Brief von Fritz habe ich nicht erhalten. Schade, dass Fritz nicht gleich als Fahnenjunker [40] eingetreten ist, dann wäre er jetzt bereits Fähnrich, in 1 – 2 Monaten Offizier

122

An Willys Batteriechef kann ich daher leider nicht schreiben. Am besten bestellt er von mir Grüße u. alles Weitere findet sich von selbst.

Hugo u. Sonnenberg sind sehr wahrscheinlich in meiner unmittelbaren Nähe. Major Klein ist in Zgierz gestern geschnappt worden. Banke ist leicht am Fuß verwundet. Schulz, der auch Hauptmann geworden, ist gestern [28.11.1914] wieder hier eingetroffen u. soll die 4. Batterie übernehmen. Meine Leute haben sich im Allgemeinen gut bewährt. In sehr vielen hat man sich getäuscht nach der guten u. nach der schlechten Seite hin. Heidemann ist immer derselbe fleißige [41] und zuverlässige Mensch geblieben. Er sorgt dauernd für mich. Wenn wir genügend Eiserne Kreuze bekommen, ist er auch vorgesehen. Stohn[315] hat große Reden jederzeit gehalten, dabei hat er aber einen äußerst guten Schlaf. Abends ging er gegen 6.00 Uhr zur Ruhe u. morgens stand er nur auf ganz besonderes Wecken auf. Nach Warschau ist er von einem Packwagen gefallen u. hat sich dabei das Bein gebrochen. Der Tausch, den ich mit Enbach gemacht habe, ist jedenfalls glänzend. Enbach jodelt, kocht gut, sorgt für mich glänzend u. steht früh auf. Die Kälte ist hier nicht übermäßig gewesen. Im Pelz lässt es sich außerdem ertragen.

[42] Augenblicklich sind wir, d. h. der Stab, Thomas, Schulz, Redmann u. ich, im Bauernhaus von der Familie Sanne. Als wir das Haus betraten, sah es entsetzlich aus. In den Stuben schmutziges Stroh u. die nicht mitgenommenen Sachen in den Stuben verstreut. Darunter 2 Thermometer für Rex-Apparate[316], 2 Trageketten, Schulhefte mit Kochrezepten, 2 kleine Teller, 1 Mangler, wenig Kochgeräte, aber eine Menge Kohlen, Kartoffeln u. Gemüse im Garten. Besonders freute ich mich über ein ganzes Brot, Lauch u. einige Salbeipflanzen. 2 Tage haben wir gefüllten Wirsing unter meiner besonderen Leitung gemacht u. es hat großartig geschmeckt. In den Stuben stehen übrigens einige mit Stroh gefüllte Betten, leere Schränke, [43] Stühle u. in den Ecken Stroh für das Nachtlager. Für das Essen hat jeder (wir waren heute 14 Personen bei Tisch) 1 Teller u. Messer u. Gabel. Unter Umständen müssen noch das Taschenmesser oder die Hände aushelfen. Brot ist von der Batterie gebacken u. Würste (Blut-, Leberwurst, Schwartenmagen) von unsern Metzgern gemacht. Schwierigkeit macht eigentlich das Suchen nach Schweinen. Wir sind jetzt schon so lange an derselben Stelle, dass alle Gehöfte leer sind. In Zgierz hat das Generalkommando die Weinvorräte meist mit Beschlag belegt. Für die übrigen, für die der verteilte Vorrat nicht reicht, sind die Preise deshalb ziemlich hoch. Ungarwein 5 – 6 Mark, Erdener Treppchen[317] (gut bei uns 1,50 wert) 4 Mark, Röderer[318] 19 Mark.

---

315 Erichs Bursche.
316 Rex Vorratskocher, Homburg vor der Höhl, 1900 – 1920.
317 Erdener Treppchen: Moselwein.
318 Röderer: Champagner von Louis Röderer, Reims.

[44] Landhaus bei Zgierz, 4.12.14

Mein treuer Liebling!

Gestern [3.12.1914] erhielt ich eine äußerst ergiebige Postsendung; mehrere Briefe, Zeitungen bis zum 26.11., 3 Päckchen Rum, 1 Cherry Brandy, 1 Schokolade, eine dicke Leibbinde u. von Gerta Kopf- und Fußschützer, feinen Tabak u. Pfefferminz. Von Mutter aus Dessau erhielt ich seit unserem Aufenthalt in Lötzen überhaupt keine Nachricht mehr. Von Dir erhielt ich bisher 3 – 10 Postpakete.

Film zu schicken hat wenig Zweck, da ich selbst kaum dazu komme, Aufnahmen zu machen. Wir müssen dieses schon den Leuten hinter der Front überlassen.

Ilse wird die Miete schon umfänglich bezahlen, sobald er selbst Mietentschädigung erhält. Auf alle [45] Fälle versuche aber, das Haus zu vermieten oder noch besser zu verkaufen. Im ersteren Falle muss [man] es natürlich gründlich weißen u. [es muss] immer instandgesetzt werden. Die Miete in Thorn bezahlt der Zahlmeister vom Ersatzbataillon, Du hast damit überhaupt nichts zu tun.

Mit Runge ist die Sache doch recht traurig, da müssen doch viele unglückliche Zufälle zusammengekommen sein, sonst ist ja so etwas gar nicht möglich. Über die Briefe von Fritz habe ich mich sehr gefreut. Ich hoffe heute dazu zu kommen, ihm ausführlicher zu schreiben. Ebenso will ich Gerta u. Mutter schreiben.

[46] Morgen werden es nun 3 Wochen, dass wir in einer Folge mit den Russen im Gefecht stehen u. hier im Landhaus sind wir 10 Tage. Wir sind aber zufrieden, dass es uns bisher so gut gegangen ist u. dass vor allen Dingen uns jeder neue Tag der Hauptentscheidung näherbringt. Nach unseren Schätzungen müssen bei dieser Schlacht bisher schon gegen 120.000 Gefangene gemacht worden sein, rechnet man etwa noch 60.000 Verwundete und Tote hinzu, so ergibt dieses 180.000 Mann, d. h. 5 – 6 Armeekorps. Wie lange es aber noch dauern wird, das ahnen wir alle nicht. Einige sagen, es kann bis Weihnachten dauern, andere lassen [47] die übermütigen Gedanken zu, dass es in wenigen Tagen fertig sein kann. Vor Ostern hofft aber jeder die Abrechnung gemacht zu haben.

Bevor ich zu der weiteren Erzählung der Erlebnisse komme, will ich einen reizenden Scherz von gestern Abend erzählen. „Vattern" (so nennen wir seit längerer Zeit unseren hohen Kommandeur) war gestern Abend zunächst sehr guter Laune, er muss wohl im Liebesgabenpaket eine große Sendung konzentrierter Liebesgaben gefunden u. genossen haben. Plötzlich, gegen 10.00 Uhr abends, Aufregung, ein Durchbruchsversuch der Russen! „Herr Leutnant Münchow, wie können Sie es wagen, während der Alarmbereitschaft Litewka[319] zu tragen?" – „Verzeihen Herr Major! – Mein Rock wird genäht!" [48] Der Herr Major: „Was, Ihr Rock wird genäht? Hauptmann Schlinck hat seine Hose ausgezogen, als sie ihm genäht wurde:" Leutnant Münchow: "Herr Major, ich weiß nicht, weshalb ich die Hose ausziehen soll, wenn mir der Rock genäht wird."

Das Weitere war noch eigenartiger! Thomas u. ich, sowie die „Krött" (Leutnant Redmann) waren schon zu Bett, bzw. auf das Lager gekrochen. „Meine Herren! Durchbruchsversuch! Bedienung an die Geschütze! Feuern!" Wir sahen und gingen hinaus! Es donnerte furchtbar, Granat- u. Maschinengewehrgeknatter aber gering. Thomas u. ich waren einig, dass zunächst unsere Front überhaupt noch nicht feuerte u. dass eher ein Angriff von unserer 36. Division [49] das Feuer eröffnete. Das Weitere will ich mir sparen, für den Brief passt es nicht. Sehr interessant ist nur zu vermerken, dass man hören und sehen musste, dass uns gesagt wurde: „Warum haben Sie nicht gelernt, das zu sehen? So müssen Sie es eben noch von mir lernen!" Wir haben den Abend noch mächtig lachen müssen. Dem „Krött" war natürlich aufgefallen, dass er gewagt hatte, sogar ohne Unterhosen mit kurzem Wollhemd im Bett bei dieser Alarmbereitschaft zu liegen u. hatte sich schnell umziehen müssen. Man weiß sich aber außerdem im Kriege bald zu trösten, bzw. über Unsinn zu lachen.

Damit die Nachtruhe besonders gut wurde, hatten die Burschen unser Schlafgemach (Thomas, Reserveleutnant Mayer, Leutnant Redmann u. ich) von dem vorhandenen Haferstroh [50] gesäubert u. hartes, langes und dafür wenig Roggenstroh besorgt. Als besonderes Abendessen gab es Tomatensuppe, Schweinskeule mit Trüffeltunke u. viel Kartoffelbrei mit Speck, danach Schokoladenpuddig. Aber so prächtig, dass trotz des amüsanten Abends man infolge der Magenüberfüllung und des prächtigen Langstrohs nicht recht schlafen konnte. Wie träumt man nun? Vom Totschießen? – nein! Aber vom Stellungswechsel, toten Russen, Neuordnung in der Batterie usw. Thomas hat besonders einige Schmerzenskinder in der Batterie, die ihm bei solchen Nächten besonders gern die Nachtruhe stören. Der unangenehmste Traum war heute Nacht wieder von alten Erinnerungen aus der Schule. Von unseren Lieben kommt nur selten ein Traum.

---

[319] Litewka: bequemer, weicher Uniformrock mit Umlegekragen.

[51]³²⁰ War die 2te Batterie tüchtig? Ich glaube doch; jeder einzelne der Batterie hatte die Einstellung, dass er durch seine Tätigkeit der Infanterie den Dienst erleichtern konnte. Helden konnten sie u. wollten sie nicht sein, aber Helfer am Siege.

Das I. Bataillon war zu Beginn des Krieges dem XVII. Armeekorps zugeteilt. Es ist bekannt, dass unsere Infanterie zu Beginn des Krieges wie im Manöver vorging.

Heidemann war so groß, er überragte alle in den Batterien um Haupteslänge. Dabei war aber das Übel, dass Heidemann infolge seines Zivilberufs [eine] etwas galante Haltung hatte nur infolge seines Zivilberufes als jenem gefährlich für das Militär bewiesen war.[!]

Heidemann musste infolge seiner Körpergröße Flügelmann sein, weil bekanntlich die Fußartillerie auch zu Fuß bei Besichtigungen u. Paraden aufbrechen musste.

[52] Bei der Artillerie Besichtigung des Obersts,
Heidemann fiel als Flügelmann auf.

---

³²⁰ Bleistiftnotizen, vermutlich nach der Verwundung im Lazarett geschrieben. Erich sieht da rin ein Resümee. Seine Notizen entbehren einer gewissen Logik.

126

Chronologie der Schlachten und Gefechte

Von Anbeginn des Krieges machte ich sämtliche Gefechte des 17. Armee-Korps mit.

20. August 14: Schlacht bei Gumbinnen, Rückzug?

26. August 14: Gefecht bei Lautern (Schlacht von Tannenberg).

8. u. 9. September 14: Possessern (Masurische Seen.)

10. September 14: Verfolgungsgefecht bei Possessern (Lötzen).

11. September 14: Verfolgungsgefecht bei Peterskehmen.

12. September 14: wurde ich auf dem Verfolgungsmarsch zu Exzellenz Mackensen gerufen, welcher mir unter folgenden Worten das Eiserne Kreuz II. Klasse überreichte. „Mein lieber Herr Hauptmann! Ihr Bataillonskommandeur hat gesagt, dass Sie in ganz besonderer Weise zu dem großartigen Erfolg Ihrer Waffe beigetragen haben. Ich habe Sie deshalb S. M. zum Eisernen Kreuz eingegeben, S. M. hat mein Gesuch genehmigt."

13.-14. September: Verfolgung bis Wirballen.

16. September: Marsch nach Mittel Jodupp (Rominter Heide) bis 20. Sept. 14.

21. – 24. September: Weitermarsch bis Slasswinnen (südlich Lötzen).

27. u. 28. September: Eisenbahnfahrt nach Czenstochawa.

29. September: Marsch bis Stobiecki-Miejskie (Novo Radomsk).

30.9.14: Vormarsch: Novo Radomsk – Przedborz bis Zapolice.

1.10.14: Vormarsch von Zapolice – Skornice.

2.10.14: Vormarsch bis Huta Stara.

3.10.14: Vormarsch bis Borkowice.

4.10.14: Vormarsch bis Chruslice.

5.10.14: Auf Befehl des Bataillons Stellung erkundet und die Batterie eingeführt. 10.00 Uhr. Feuereröffnung gegen Infanteriestellung bei der Lederfabrik Westensganz von Radom. (Gefecht bei Radom).

6. – 7. 10.14: Ruhe.

8.10.14: Vormarsch nach Warschau.

10.10.14: war der 2. Batterie der Brigade von Kurbelsdorf zugeteilt. Gefecht bei Grojec.

11.10.14: fuhr die 2. Batterie östlich Bogatki auf, eröffnete Feuer gegen Infanteriestellung des Gegners. Die Infanteriestellung wurde geräumt, bekämpft u. Verstärkungen vereitelt. Infanterie fast ohne Schuss in feindliche Stellung. Vorgehen bis Orezna[321]. Auf die 1. Batterie haben 2 feindliche Geschütze Feuer eröffnet in Prazelnow – 2. Batterie eröffnete hierauf das Feuer u. brachte sie nach der 1. Salve zum Schweigen. Die feindlichen Geschütze wurden am folgenden Tage vorgefunden.

---

[321] Orezna: lag im Kreis Warschau. Der Ort existiert heute nur noch als Straßennamen.

12.10.14: Bereitstellung bei Brobowice [heute Bobrowiec].

13.10.14: In Stellung gegangen bei Orezna 2., 3., 4. Batterie (1. Batterie bei Piaseczno). Da die Beobachtung nur von der Kirche von Iwiczna Stara wahrscheinlich schien, entschlossen wir uns, eine solche auf dem Turm zu versuchen. Da jedoch unsere Leute der Feldartillerie sich dort schon einquartiert hatten, außerdem die Infanterie in der Kirche Unterkunft bezogen, stand diese bald unter schwerem feindlichen Feuer, sodass zunächst eine Beobachtung unmöglich schien. – Hptm. Rausch gefallen. Ich führe deshalb eine Beobachtung weiter vorwärts in Linie der Infanterie. Gleichzeitig trafen wir Maßnahmen bei etwaiger Feuereröffnung des Gegners während der Beobachtung, die feindlichen Batterien festzulegen.

14.10.14: Blieb Hauptmann Rausch (3. Batterie) in Iwiczna-Nowa und ich ging auf den Kirchturm von Iwiczna Stara.[322] – Es herrschte bis gegen Mittag Nebel, dann eröffnete der Feind dann weiter das Feuer gegen Dorf und Kirche, sodass ich zunächst meine Beobachtung wieder einstellen musste. Feuer gegen 2 Batterien.

15.10.11: Auftrag, den Schornstein zu beschießen. Beobachtung auf der Kirche übernahm ich für das Bataillon. Batterien erhielten zunächst Befehl, den Außenschornstein bei Dombrowka niederzulegen. – Mehrere Volltreffer durch Granaten M. V. Gegen 10.00 Uhr vormittags verlegte ich das Feuer mit 2. Batterie gegen eine Artillerie Linie Davidy. Während meiner 1 – 7-Stunden-Beobachtung wurde in Folge Unvorsichtigkeit anderer Waffen das feindliche Geschützfeuer auf die Kirche gelenkt und wurde ich durch Treffer mehrere Male hinunterbefördert. Am Vormittag riss eine feindliche Granate die eine Turmseite fort, was meiner dortigen Beobachtung ein Ende bereitete.

Nach Anfrage der Division, wer die dortige Beobachtung gehalten hatte, wurde ich von meinem Kommandanten zum Eisernen Kreuz I. Klasse eingegeben. Bei der Batterie schlug 21 cm-Granate ein.

16.10.14[323]

17.10.14: Stand die Batterie weiter im Feuer.

18.10.14: 3.00 Uhr morgens Batterien bei 87. Infanteriebrigade, die [die] über Jeziorna[324] vorrückenden Gegner zurückwerfen sollte. Im Feuer. Später zurück zur Division; bei Zabiniec[325] ins Gefecht eingegriffen.

19.10.14: 5.00 Uhr früh Feuereröffnung gegen Infanterie. Abends 8.00 Uhr Marsch über Grojec[326] nach Belks Duszy.

---

322 Unstimmigkeit: Erich notiert unter dem 13.10.14, dass Hauptmann Rausch gefallen sei.
323 Kein Eintrag für den 16.10.1914.
324 Jeziorna: heute Konstancin-Jeziorna.
325 Zabiniec: südl. Piaseczno.
326 Grojec: ca. 30 km südwestl. Piaseczno.

21.10.14: Marsch von Belks Duzy[327], Biala [Rawska] nach Zurawia[328].

22.10.14: Marsch Zurawia, Rawa[329] bis Kwasowiec Erkundung einer Verteidigungsstellung.

23.10.14: In vorgeschobene Stellung gehen bei Marchankow[?]. In dieser Stellung nahm 2. Batterie halbstündig eine lange Marschkolonne des Feindes auf ... Schussweite unter Feuer. Die Kolonnen waren während weniger Minuten vollständig aufgerieben. Mittag Zurückgehen in Hauptstellung und dort Zug wird ... durch Feuer.

24.10.14: Stellungswechsel östlich Duza. Feuer bis 3 Uhr nachmittags. Nachher wiederum Stellungswechsel nach Gluchow[330].

25.10.14: Stellung erkundet für 2. – 4. Batterie in 10 km. Batterie in Stellung u. Ausbau.

26.10.14: Feuer hauptsächlich gegen Infanterie. Eine feindliche Batterie wurde von 2. Batterie zum Schweigen gebracht.

27.10.14: Gegner versuchte gegen unsere Stellung mit starker Infanterie vorzugehen. Im Feuer der 2. u. 4. Batterie brach der feindliche Angriff vollständig zusammen. Infanterie kam nicht mehr zum Schuss. Am selben Tage erhielt ich Befehl, ein Gehöft, in dem sich vermutlich Führer und Artilleriestäbe aufhielten, unter Feuer zu nehmen, nach wenigen Schüssen ging das Gehöft in Flammen auf. Zahlreiche Feinde entkommen. Bis Dunkelheit blieben die Batterien im Feuer. Die Wirkung der beiden Batterien war eine Derartige in den 2 Tagen, dass die Division und die benachbarte Landwehrinfanterie sich besonders anerkennend über die Wirkung der beiden Batterien aussprachen.

18.10. bis 8.11.14: Marsch bis Rosenberg[331] in Schlesien u. Ruhe.

8. u. 9.11.14: Eisenbahnfahrt nach Stralkowo.

10.11.14: Ruhe.

11.11.14: Vormarsch.

14.11.14: Infanterie bei Klodawa.

15.11.14: Verfolgungsgefecht bei Klodawa.

16.11.14: Gefecht bei Leczyce.

17.11.14: Verfolgung bei Zgierz.

17.11. – 5.12.14: Gefecht bei Lodz.[332]

---

[327] Belsk Duzy: 6 km südwestl. Grojec.
[328] Ein Eintrag für den 20.10.1914 fehlt.
[329] Stara Rawa.
[330] Gluchow: 2 km nördl. Grojec.
[331] Rosenberg: Olesno, östl. Wreschen.
[332] Einzelheiten zur Schlacht bei Lodz werden nicht mitgeteilt. Sie werden durch die Darstellung von Erich Ludendorff (a. a. O.), Wolfgang Venohr (a. a. O.) und Major Gustav von Wulffen „Die Schlacht bei Lodz", Oldenburg 1918 ergänzt (Kursivschrift).

17. November: „XX., XVII., XI. A. K. [Armeekorps], die sich sehr eng zusammenge-schlossen hatten, trafen am 17. [November] nördlich Lodz auf starken Feind und rangen mit ihm." Ludendorff a. a. O., S.83.

19. November: „Beim XVII. Korps war mit Tagesgrauen des 19. November in Zgierz das Gewehrfeuer, das die ganze Nacht angehalten hatte, verstummt. Der Feind war abgezogen. Die 35. Division folgte sogleich und erreichte um 9. Uhr vormittags in dichtem Schneege-stöber mit rechtem Flügel die Bzura südlich Aniolow. Der linke Flügel schloss sich dem Vorgehen der 22. Division an, die in südwestlicher Richtung mit ihrem rechten Flügel Za-bieniec angriff. Am Abend stand der Gegner noch in Linie Sokolow – Rozki gegenüber." Wulffen a. a. O., S. 34.

19./20. November: „Die Truppen des Generalleutnants [Günther] von Pannewitz[333] hat-ten sich in der Nacht vom 19. zum 20. [November] heftiger Angriffe der Sibirier und Russen zu erwehren. Aber mit Tagesanbruch gingen sie ihrerseits zum Angriff vor, mit dem rechten Flügel der 35. Division gegen die Verschanzungen südlich Sokolow, mit dem rechten Flügel der 22. gegen VW. [Vorwerk] Julianow. Dem Nebel des Vortages war das erste klare Frostwetter gefolgt; es gestattete dem Russen, seine Artilleriemassen aus größtenteils überhöhenden Stellungen zu voller Wirkung zu bringen. So kam der Angriff nicht vorwärts; vielmehr gelang es dem Feinde, die Front der 22. Division an mehreren Stellen einzudrücken und in der zwischen dem XVII. und XX. Korps noch nicht geschlossenen Lücke durchzu-stoßen." Wulffen a. a. O., S. 41.

21.11.1914: Angriff auf Lask. „Nördlich Lodz hatte sich das XVII. Korps wie tags zuvor wiederholt heftiger Angriffe zu erwehren, die dank der Unterstützung durch die Artillerie des XX. Korps abgewiesen wurden." Wulffen a. a. O., S. 47.

22.11.1914: "Gegen die Stellung des XVII. Korps, besonders gegen den rechten Flügel der 35. Division hatte der Russe in der Nacht wiederholt heftige Angriffe gerichtet, die sämtlich abgeschlagen wurden. Im Laufe des Tages wurden zwei russische Linien im Sturm genom-men; ein durchschlagender Erfolg konnte jedoch umso weniger erzielt werden, als Kräfte aus der Front gezogen werden mussten, um bei Biala zur Abwehr der Rückenbedrohung einge-setzt zu werden." Wulffen a. a. O., S. 55f.

23.11.1914: „Kämpfe bei Biala. Auch bei dem XVII. Korps wurden verschiedene heftige An-griffe unter schwersten Verlusten für den Gegner abgeschlagen. Die tags zuvor im Rücken des Korps bei Biala zurückgedrängte feindliche Truppenabteilung hatte sich anscheinend verstärkt und drängte die deckende Abteilung des XVII. Korps in südlicher Richtung auf Zgierz zurück." Wulffen a. a. O., S. 65.

23./25.11.1914: „Am 23. und 24. November gestaltete sich die Lage hoffnungslos. Die ein-geschlossenen deutschen Verbände kämpften nach allen Seiten, um sich irgendwo Luft zu verschaffen. Das russische Oberkommando stellte mehr als 60 Transportzüge bereit, um 150 000 deutsche Gefangene abzutransportieren. Doch in der Nacht vom 24. zum 25.

---

333 Gentalleutnant von Pannewitz hatte von General Mackensen das Kommando über das XVII. Armee-Korps übernommen.

November machten die Deutschen plötzlich mitten im Kampf kehrt, brachen (...) aus der Umklammerung aus. Unter Mitnahme von 16 000 russischen Gefangenen fanden sie Anschluss an das Gros der 9. Armee. Der Versuch, die Russen bei Lodz einzukreisen, war missglückt." Venohr, a. a. O., S. 98.

24.11.1914: *"Geringe Gefechtstätigkeit herrschte vor der 36. Division und dem links anschließenden XVII. Korps." Wulffen a. a. O., S. 96.*

Am **5.12.14** fragte der Divisionskommandeur Generalmajor Hahn unseren Ordonanzoffizier (Oberleutnant Hild), ob denn bei [der] Batterie auch schon Eiserne Kreuze I. Klasse seien. Hierauf erwiderte letzterer, nein. Es seien aber nach den Kämpfen bei Warschau Hauptmann Thomas u. Hauptmann Pulkowski eingegeben worden. Hierauf erwiderte Generalmajor Hahn, die Eingabe sollte sofort erneuert werden, Oberst Rustow (Artilleriekorps) fügte noch hinzu, er würde die Eingabe warm befürworten. Soweit mir bekannt, ist diese Eingabe noch an demselben Tage von Berlin gemacht worden.

6.12.1914: *"Die Armee Mackensen hatte die Schlacht bei Lodz gewonnen! Als die Tapferen Truppen des XI., XVII. und XX. Korps mit Hurra die blutigen Kampfstätten der letzten Wochen durchschritten, fanden sie nicht nur mit allen Mitteln errichtete feindliche Befestigungen, sondern auch die Spuren ihrer eigenen Angriffsarbeit und eine Walstatt, übersät mit Leichen des niedergerungenen Gegners." Wulffen a. a. O., S. 106.*

Am **11.12.14** wurde die Stellung bei Lodz von den Russen geräumt.[334]

Am **17.12.** wurde das XVII. Armeekorps auf den linken Flügel der Armee gezogen. Auf dem Marsche kam in Zgierz ein Bataillonsführer des Infanterieregiments 176 zu Hauptmann Thomas u. mir u. bedankte sich ganz besonders für die tadellose Unterstützung u. Wirkung unserer schweren Batterie. In diesem Abschnitt der Brigade waren nur die 1. u. 2. Batterie tätig gewesen.

7. – 9.12.14: Marsch.

10.12.14: Gefecht bei Kiernozia[335]. Bei diesem Gefecht erhielt ich mittags auf der Beobachtungsstelle einen Kopfschuss.

---

[334] Die Chronologie der Ereignisse stimmt ab hier nicht mehr. Es ist nicht davon auszugehen, dass Erich nach seiner Verwundung noch an Märschen teilgenommen hat. Die Eintragungen wurden wohl zu einem späteren Zeitpunkt aus dem Gedächtnis nachgetragen.

[335] Kiernozia: Dorf ca. 80 km nordnordöstl. von Lodz.

Chronologie der Schlachten und Gefechte (letzte Seite)

Auf den leeren Seiten der Schlachtenchronologie notiert Erich Handgriffe des Geschützführers und die der einzelnen Kanoniere, um das Geschütz gefechts- bzw. marschbereit zu machen. Die Anweisungen finden später Eingang in die Neubearbeitung des „Leitfadens für Kanoniere und Fahrer der Fußartillerie", die sein Vater Heinrich herausgegeben hatte.

Vor dem Gefecht oder vor Beginn der Bedienung

G. [Geschützführer]
Lafettenkasten aufschließen, Schloss hineinlegen. Verschluss, Richtungsschienen und Gleitbahn der Wiege nach Bedarf schmieren lassen.

K. 1. [1. Kanonier]
Wiegenstütze in Schießstellung bringen (beim Abprotzen in Sicherungsstellung). Mündungskappen abnehmen und in Protzenkasten unterbringen.

K. 2 [2. Kanonier]
Löst den Wiegenhalter und gibt dem Rohr eine Zuführung um 40°, gleitet er zu- rück, so Geschützführer Meldung erstatten.

Rohr in Marschstellung bringen.

K. 3., K. 4., K. 5. [Kanoniere 3 – 5]

Oberschild in Marschstellung bringen.

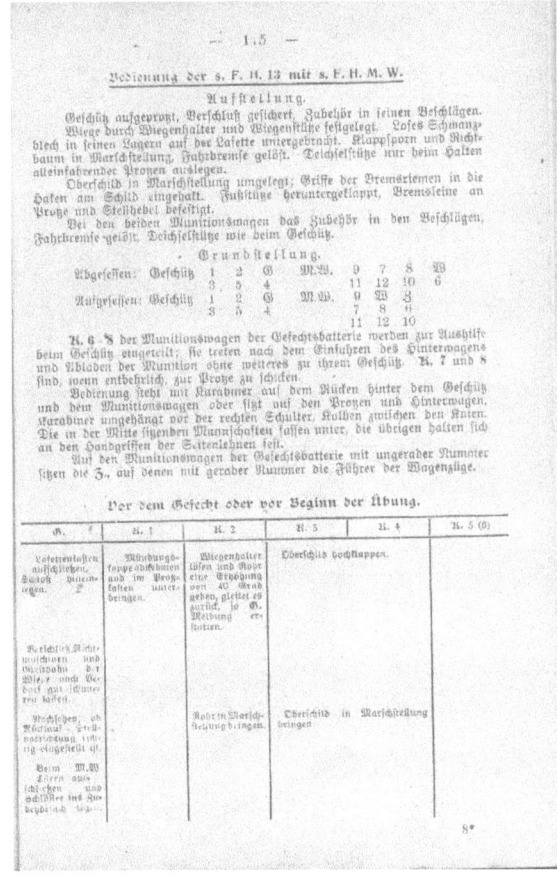

Erich Pulkowski (Hrsg.): Leitfaden für Kanoniere und Fahrer der Fußartillerie[336]

---

[336] 31. Aufl. Berlin 1916, S. 115.

Berichte

Auf dem gestrigen Schlachtfeld[337]
Dr. med. Hans Knopf

Am Morgen des 10. September, am Tage nach dem Kampf um das Dorf Posses-sern, brachen wir in Richtung dieses Dorfes auf. Einige russische Geschütze rie-fen uns noch ihren Morgengruß zu. Die erste Batterie unseres Bataillons fährt in Stellung und erwidert das Feuer, woraufhin dieses bald verstummt. Die anderen drei Batterien rückten bis dicht an das Dorf heran und fahren auf. Nun sind wir mitten auf dem gestrigen Schlachtfeld. Zu beiden Seiten der Landstraßen liegen in Mengen tote Russen, zum Teil nur noch grässlich verstümmelte Rümpfe und Gliedmaßen. Ganz besonders schrecklich sieht eine Leiche aus, welcher der Kopf fehlt. Ein Bein liegt einige Schritt davon entfernt. Die Felder sind aufgewühlt von den Riesenlöchern, die unsere Granaten schlugen. Traurig sieht das Dorf aus. Der Kirchturm ragt halb getroffen empor. Von den Häusern, die von unseren Ge-schossen getroffen wurden, stehen z. T. nur noch kümmerliche Reste. Auf den Feldern vor dem Dorfe befinden sich einige glänzend angelegte und ausgeführte russische Schützengräben, vollgefüllt mit Leichen, die teilweise furchtbare Verlet-zungen tragen. So fehlt einem Infanteristen die linke Hälfte des hinteren Brust-korbes. Die Wirbelsäule liegt frei, Lunge und Herz sind herausgerissen. Bei einem anderen ist die Hirnschale völlig zerschmettert; man sieht nur noch einige Schä-delreste. Im Gegensatz zu diesen [2] stark Verstümmelten sind einige Leichen völlig unverletzt. (Meine Ansicht, dass Gase beim Platzen der Geschosse den Er-stickungstod veranlasst haben könnten, widerlegte später unser Hauptmann Pulkowski mit dem Hinweis auf entsprechende Tierexperimente. Vielmehr wird Herzlähmung als Todesursache angenommen). Um und in den Schützengräben liegen in wirrem Durcheinander Waffen, Patronen, Kleidungsstücke etc. Von un-seren Truppen sieht man nur die Leichen von 5 Rastenburger Grenadieren. Ich mache zur näheren Besichtigung einen Ritt ins Dorf hinein und komme zunächst an einen Unterstand, in dem 4 Leichen übereinanderliegen. In ihrer Nähe sieht man Reste einer Gänsemahlzeit, wohl das Henkersmahl der armen Teufel. Vor der Kirche liegt eine verlassene russische Batterie von 6 Geschützen mit ihrem Munitionswagen, die Geschütze verdeckt durch Tannenzweige, alle miteinander verbunden durch unterirdische Gänge, die gleichzeitig Unterstand für die Bedie-nungsmannschaften bieten. Leichen sind nicht dabei. Schrecklich sieht es im Dorfe hinter der Kirche an einer Protzensammelstelle aus, wo Pferdekadaver in Menge neben zerschossenen [3] Protzen umherliegen. Die Leichen der Bedie-nungsmannschaften sind offenbar von den Russen mitgenommen. Hinter der Kirche liegt ein Gehöft, in dem auch keine Fensterscheibe heil geblieben ist. Im

---

[337] Die Titel der Berichte stammen vom Herausgeber.

Hofe liegen ebenfalls zerschossene Protzen und Pferdekadaver. Den furchtbarsten Anblick aber bietet der Stall, in dem offenbar ein Volltreffer eingeschlagen hat. In der einen Abteilung liegen die unversehrten Kadaver der zwei Pferde der Besitzer, darunter 2 Russen. In der daneben liegenden Abteilung des Stalles aber hat das Geschoss Dach und Boden durchschlagen und in wüstem Durcheinander liegen grässlich zerfetzte Pferdeleiber mit heraushängenden Eingeweiden, deren einzelne Teile in ihrer Zusammengehörigkeit man sich erst zusammensuchen muss. Aus der Tenne schauen neugierig die struppigen Köpfe zweier unversehrter Kosakenpferde. Hühner laufen gackernd auf den Leichen herum und picken in die Blutlachen. 2 Ziegen meckern im Gärtchen. Der Bauer läuft noch halb betäubt im Hause herum; er hat mit seinen Angehörigen im Keller gesessen und ist [4] unverletzt geblieben. Ein altes Mütterchen sieht man in der Küche hantieren. Ich kehre zu unserer Protzensammelstelle zurück und finde unsere Leute auf Befehl von Exzellenz Mackensen damit beschäftigt, die Schützengräben aufzufüllen und so Massengräber für die Russen herzustellen. Unsere 5 Grenadiere erhalten ein Grab für sich, das mit einfachem Holzkreuz geschmückt wird.

Am Nachmittag gehe ich zu Fuß noch einmal ins Dorf und finde die Bewohner unter Anleitung von Gendarmen damit beschäftigt, die Kadaver zu verscharren. Mit 4 Pferden werden diese aus den Gehöften herausgeschleift. Bei näherer Besichtigung des Dorfes zeigt sich, dass der von unseren Stellungen aus rechts gelegene Teil völlig unversehrt ist, während der links gelegene mehr oder weniger Trümmerhaufen aufweist. Die Bewohner sind fast alle im Dorf geblieben und bis auf zwei, die sich zu weit vorwagten, unverletzt geblieben.

Dr. med. Hans Knopf

Spaß, ein paar Russaks zu erledigen
[Leutnant Weiße]: 12. u. 13.9. Medienen[338]

Furchtbar zeitig – noch mitten in der Nacht, wie einer der Unseren immer kommentierend sagt – erscholl die Signalpfeife eines Feldwebels und dazu das Kommando: „Marschbereitschaft melden!" Rasch aus dem Stroh, den Schlaf aus den Augen gerieben, einen Becher heißen Kaffee aus der Feldküche, schon ist's so weit. „Batterie zu Einem rechts brecht ab, marsch!" Dann geht's auf demselben Wege wie gestern Abend vorwärts, am Himmel immer noch Feuerschein brennender Gehöfte. Am Gute Uszballen[339] die willkommene Nachricht: vorläufig Rast, da noch keine Nachrichten vom Feinde da sind. An einer schönen Tanne wird der früh unterbrochene Schlaf fortgesetzt. Da wieder die bekannte Chose: „Fertig machen. Die Herrn Hauptleute zu Herrn Major!" Es ist Nachricht gekommen, dass starke feindliche Kolonnen, anscheinend Artillerie, sich im Rückmarsch in nordöstlicher Richtung befinden. Wir gehen in Stellung, eine tadellose Beobachtungsstelle auf dem Berge am Gute ist sofort gefunden. Salve wird als Feuerart befohlen, wir warten auf das Abfeuern. Da kommt der Befehl: „Anscheinend eigene Truppen, erst Aufklärung durch Kavallerie abwarten." Bald ist es auch zweifelsfrei festgestellt, dass es die erste Flügelkolonne des XX. Armeekorps ist. Gott sei Dank, dass diese Meldung noch rechtzeitig gekommen war. Bald wurde Stellungswechsel nach rechts befohlen, der Gegner sollte sich bei Schaltinnen zwischen Suberg[?] und Windmühle südwestlich von Kurnehmen[340] verschanzt haben. Wir marschieren los. Das gewohnte Bild der platzenden Schrapnells, die sich rechts gegen das I. Armeekorps richten, beachtlich auch früh wieder. Über Worellen[341] kommen wir nach Schaltinnen. Dort lag gleich am Eingang ein erschossener russischer Offizier; er hatte Frauen und alte Männer mit Gewalt in die [2] Schützengräben gebracht, damit sie von den Unsern getroffen würden. Die beiden führenden deutschen Offiziere hatten kurzen Prozess mit dem Halunken gemacht. Bei den Einwohnern sah man überall freudige Gesichter. Jetzt sieht man auch die ersten Gefangenen wieder, diesmal auffallend viele Offiziere. Ein gefangener Oberstleutnant gab eine echt russische Antwort, als er gefragt wurde, wie er denn jetzt über den Ausgang des Krieges dächte: Das Schicksal wird seinen Ausgang bestimmen. Bei der Mittagsrast gab es wunderbare weiche Cervelatwurst, die ich von Herrn Hauptmann Rausch erhandelt hatte. Dicht neben unserem Rastplatze war eine feindliche Artillerie gewesen, wieder flankierend, wie immer, eingesetzt. Unsere Granaten hatten aber, obwohl sie etwas weit lagen,

---

338 Medienen (pol. Mieduniski Wielkie): 21 km östl. Goldap.
339 Uszballen: Landkreis Darkehmen, Regierungsbezirk Gumbinnen.
340 Kurnehmen (russ. Kruglowka): Kreis Goldap, Verwaltungsbezirk Kaliningrad.
341 Worellen: Kreis Darkehmen.

doch ihre Schuldigkeit getan. Die Notwendigkeit, in diesem Gelände oft m. V. [mit Verzögerung] schießen zu müssen, zeigte sich auch hier wieder. Die Ruhe wurde bald unterbrochen durch den Befehl zum Weitermarsch, der uns bis vor Gawaiten führte. Unterwegs kam der Befehl zum Abnehmen der Helmüberzüge, wodurch bei Viereck wieder einmal Friedensgefühle und Waffenstillstandsahnungen auftauchten. Die sich aber nicht bewahrheiteten. Weiter führte der Marsch über Egglenischken auf Langkischken[342], wo wir nach Überschreiten der Rominte abermals zur Ruhe übergehen sollten. Da – langer Halt. Schrapnells platzen wieder in großer Anzahl. 2 Batterien werden vorgezogen. Es stellte sich dann aber heraus, [3] dass der Divisionsstab, als er auf den Höhen der Rominte erschien, heftiges Schrapnellfeuer bekommen hatte, mehrere waren verwundet, einige auch getötet worden. 2 Batterien von uns wurden vorgezogen, dann auch die Batteriestäbe und Beobachtungswagen der beiden anderen Batterien. Bei dem Stabe oben ziemliches Durcheinander, eine Meldung widerspricht der anderen. Es fängt an zu regnen, ziemlich müde, auch etwas niedergeschlagen krochen wir ins Biwak.

Wieder in den Regen hinaus, ohne genauen Befehl über Marschordnung ging es los. Beim Marsche kam ein Auto mit der Meldung an, es sei oben aus den Gehöften rechts der Straße geschossen worden. Die Kanoniere der Beobachtungswagen mussten absitzen, später auch die des 1. Geschützzuges. Sie gingen in Schützenlinie vor. Es machte den K'nols [Kanoniere] großen Spaß, auch einmal mit dem Karabiner ein paar Russaks zu erlegen. Richtig – da beginnt schon das Schießen, ich reite vor, um zu sehen, was los ist. Unter einer Chausseeunterführung hatten die K'nols[343] gesessen, 5 waren herausgekommen und hatten die Waffen weggeworfen, 1 war durch einen Schuss durch den Leib schwer verwundet worden. Überall, wo unsere Kanoniere hinkommen, lagen noch Ausreißer. Einer lag im Kartoffelkraut auf dem Bauche und stellte sich tot, er war aber so unvorsichtig, zeitiger als es angebracht war, nach den Unsern auszuschauen. Durch [4] einen kräftigen Stoß in den Rücken und einen Zug im Nacken wurde er auf die Beine gestellt und seinen Spießgesellen zugeteilt. Bald darauf sagte Herr Hauptmann P. [Pulkowski], jetzt möchte ich mal n' paar Gefangene sehen, kaum gesagt, kamen sie schon in hellen Scharen an. An beiden Straßenseiten lagen dann die Russen, die unsern Geschossen, trotz eiligen Laufens nicht mehr entrinnen konnten.

Was ein Gefühl, das regnerische Dunkel der Nacht, vom Gegner geschlagen, vom furchtbaren Artilleriefeuer verfolgt und dann wieder auf einen anderen Gegner zu stoßen. Auf einem Bergeshang lagen die Russen in Haufen. Sie waren auf der Flucht einer Abteilung des I. Armeekorps in die Finger gelaufen.

---

[342] Egglenischken, Langkischken, Kreis Goldap.
[343] Schreibfehler. Es sind die Russen gemeint.

Nun geht es weiter, zum Teil auf grundlosen Wegen, arme Infanterie! Links und rechts der Straße allerlei Heeresgewehrpatronen, Bagagefahrzeuge, Pferde. Vor Matzkutschen Halt. Beutemachen: unendlich viele Pferde wurden angebracht. Infanteristen brausen im Galopp auf geschirrten Pferden einher. In einem Grunde nordöstlich Budweitschen war eine Batteriestellung von russischen Feldhaubitzen. Eine davon hatte die Fußartillerie I. 1 „mit Beschlag belegt". Angeblich auf Befehl von General Uhde wollten sie mir auch eine zweite, die ich gefunden hatte, entführen. Mahrenholz sagte: Uhde sollte sich von der anderen ein Stück abschneiden. Darauf wurde die Haubitze unter großer Freude des ganzen Bataillons mit Folger als Stangenfahrer angefahren. Der ewige Regen ließ etwas nach. Abends saßen wir dann bei loderndem Feuer und trockneten unsere Sachen. Der Feuerschein brennender Dörfer leuchtete uns als wir zum Schlafen gingen.

Mühen eines Quartiermachers
Linnaeus Huth, Leutnant der Reserve, Mittel Jodupp.

Nach ca. 30 km langem Marsch ertönte der mit Recht so beliebte Ruf: „Quartiermacher nach vorn!" Rasch drücke ich meiner bisher [mich] nie versetzenden Stute die Schenkel in die Weichen, um mich zur Erfüllung der Aufgabe als Quartiermacher meiner Batterie, welchen Posten ich meist neben der des Batterieoffiziers erfüllte, beim Bataillonsstabe zu melden. Es ging nun, als alles zur Stelle war, mit einem Trupp von Meldereitern neben der Bataillonskolonne durch die Romintener Heide auf Wegen, die nicht mehr ganz einwandfrei waren, da vor uns die 36. Infanterie Division marschiert war, unserer Ortsunterkunft entgegen. In einer Waldenklave der Rominter Heide liegt nun unser Dorf sehr idyllisch gelegen vor uns. Unser Haubitzenbataillon sollte dort allein untergebracht werden, aber bald wurden wir enttäuscht, da man überall Infanterie herumwimmeln sah. So erfuhren wir schließlich, dass außer uns dort noch 2 Bataillons der 176er mit M. G. K. [Maschinengewehrkompanie] 2 Stuben besetzt u. große Bagage untergebracht werden sollten. Die Infanterie hatte, da die Quartiermeister lange vor uns an Ort und Stelle waren, natürlich die besten Quartiere mit „Beschlag belegt". Es entspann sich ein großes Ringen, um noch Gehöfte für [die] Unterbringung unserer Pferde zu erhaschen. Bügel an Bügel mit dem Quartiermacher der dritten Batterie ging es querfeldein auf ein scheinbar noch freies Gehöfte zu. Einige Gräben u. Koppelricks, die meine Stute mit Leichtigkeit nahm, trennten mich von meinem Konkurrenten, der mich mit dem Ruf: „Nu, den nehmen Sie", das Gehöft schon verließ; dort angekommen, sah ich leider die Aufschrift „M. G. K. 176". So musste ich weiter. Mit vieler [2] Mühe erwischte ich dann unser jetziges Quartier. Für Reitpferde war Platz da, die Batterie musste biwakieren. Ich betrat nun das Haus unseres Quartierswirtes abends 7.00 Uhr. Ein Zimmer, in welchem der Töpfer, um Ruhe zu suchen, seine Arbeit verlassen hatte, sollte uns 4 Offizieren der Batterie: Dr. Knopf, Obl. Bölten, als Gast, Unterschlupf bieten. Nachdem die herumliegenden Kacheln und Möbel beiseite geschafft waren, ließen Viereck, der inzwischen von einem Fourageritt zurückgekehrt, früher eintraf als die Batterie, [und] wir uns, mit Mänteln etc. noch umgetan, um jederzeit unsere demnächst zu erwartende Batterie an Ort und Stelle zu führen, friedlich nieder, um Rührei, Schinken, eine beliebte Kriegsmahlzeit, dazu einiges Gemäße „ostpr. Meitzankes"[!] (Grog u. Rum) in Eile einzunehmen. Eile war in diesem Falle jedoch nicht geboten, da die Division, an deren Ende wir marschierten, noch lange nicht vorbei war. Wir begaben uns zum Eingang des Dorfes, wo wir bereits einige Kameraden bei gemütlichem Biwakfeuer vorfanden. Truppenweise und sehr langsam fand der Anmarsch der Division statt, da die schwer beladenen Bagagewagen in der Dunkelheit u. der schlechten Wege wegen teilweise liegenblieben u. Weitermarsch unmöglich war. Nach langem Warten traf um 1.15 Uhr nachts unser Bataillon ein. Wir wurden von unserem Kommandeur nicht sehr groß begrüßt, da er einen Meldereiter, von uns abgeschickt, zur Eignung erwartet hatte. In seinem [3] Quartier angelangt, soll er vor einer Schüssel Bratkartoffeln, die seit ½ 8 Uhr auf ihn wartete, besserer Stimmung gewesen sein.

Nachdem nun die Batterie auf dem Biwakplatz angelangt war, betraten wir unser Logement. Hinter uns folgten unsere Koffer etc., die in unserem verhältnismäßig kleinen Zimmer ebenfalls Platz finden mussten. Das einzige Bett wurde ausgeräumt u. als Lager für Bolten hergerichtet, auf einer Chaiselongue wollte sich unser „Kleiner", Lt. Weiße, niederlegen und für den Rest unserer Gemeinschaft wurde ein Strohlager hergerichtet. Die mangelhafte Beleuchtung verhinderte den Anblick des wüsten Durcheinanders im Zimmer, vielmehr machte sich die Situation infolge des weiß gedeckten Tisches verhältnismäßig gemütlich. Nachdem die übrigen Herren ihr köstliches Mahl eingenommen u. einige Grogs verhaftet hatten, begaben wir uns um 3.00 Uhr zur Ruhe. Wir schliefen ohne Ausnahmen prächtig. Am nächsten Morgen entrollte sich nun erst das wenig schöne Bild unserer Umgebung. Koffer, Mäntel, Packtaschen, Ofenkacheln ein wüstes Durcheinander. Hirschgeweihe, Jagdtrophäen aus der Heide, dem beliebten Jagdrevier S. M. [Seiner Majestät Wilhelm II.], konnten wenig dekorativ auf die Umgebung wirken.

2 Ruhetage in diesem Quartier stehen uns bevor, alsdann soll es weitergehen.

Leben im Quartier
N. N.: Mittel-Jodupp, den 19.9.14

Mitten in der Nacht, etwa um 7.00 Uhr, wird uns die willkommene Nachricht überbracht, dass auch heute noch die bereits 2 Tage während Ruhe fortgesetzt werden soll. Ein Blick zum Fenster hinaus zeigt uns trüben Himmel und Regen, und teils brummend, teils grunzend vergraben wir uns wieder in unsere diversen Lagerstätten, mit Kurmachen des immer mobilen Hauptmanns[344], der seine tägliche gemütliche Reinigung vornimmt und sich auch auf diese Weise vorteilhaft von der Mehrzahl unter uns unterscheidet. Nach Beendigung der Toilette entfernt er sich, um eine notwendig gewordene Inspektion des Waldrandes vorzunehmen. Kaum ist er hinaus, so ertönt neben anderen Geräuschen auch das virtuos nachgeahmte Miauen eines Kätzchens, was einen heftigen Katzenfeind unter uns veranlasst, sich wie weiland Rupprecht von der Pfalz wütend im Bett herumzuwälzen und zu fluchen.[345] Kaum hat der Imitator aufgehört, als flehend das lebende Kätzchen draußen einsetzt!

[2] Da möchte kein Hund so weiterleben[346], geschweige denn ein eingebildeter musikalischer Junker aus der fortgeschrittensten Gegend unserer Naturländer! „Und vom Dunkel alles Grausen[s] sieht man nur den Bettenhaufen!" Wir anderen kommen langsam diesem Beispiel nach, doch bevor viel geschieht, hat der inzwischen zurückgekehrte Hauptmann die günstige Gelegenheit ergriffen, den „Schweinestall" auf die photographische Platte zu bannen. Dann geht's zum reich besetzten Frühstückstisch. Bald darauf entfernen sich 2 Blitzlichter der Corona, um die vom Hauptmann früh begonnene Inspektion des Waldrands fortzusetzen, begleitet von dem Rufe derselben: „Ihr Schufte, bringt wenigstens Champignons mit!" Die Inspektion verläuft zur Zufriedenheit, Pilze lassen sich leider nicht auftreiben, da auf den benachbarten Wiesen sich nur noch Kuhfladen in reichlicher Menge befinden. Zurückgekehrt beschäftigen sich die restlichen Mitglieder der Corona teils mit Lesen, teils mit Schreiben; [3] besonders fleißige Knaben beschäftigen sich mit der Ausbesserung ihrer schadhaft gewordenen Garderobe. Gegen Mittag kommt das mit Unwillen aufgenommene Gerücht, es solle Quartierwechsel vorgenommen werden. Glücklicherweise wird die mit Recht so

---

[344] Erich Pulkowski.

[345] Anspielung auf das Studentenlied von August Schneider über Pfalzgraf Friedrich IV.: „Wütend wälzt sich einst im Bette / Kurfürst Friedrich von der Pfalz; / Gegen alle Etikette brüllte er aus vollem Hals: / Wie kam gestern ich ins Nest? / Bin scheint's wieder voll gewest!"

[346] Zitat aus Faust I (Nacht): „Es möchte kein Hund so weiterleben."

geschätzte 2. Batterie vorläufig von diesem Unheil verschont. Dann wieder meldet sich ein Offiziersbursche einer anderen Batterie bei dem vielgeplagten Arzte mit der angeblich vom Hauptmann seiner Batterie angeregten Frage, ob der Herr Arzt ihm 4 fehlende Vorderzähne einsetzen könne, oder wo dies gemacht würde. Er erhält den tröstlichen Bescheid, er müsse bis zum Frieden damit warten, im Kriege schlüge man bloß Zähne aus!

Am Nachmittag wird das übliche Schläfchen gemacht, das erst durch Fertigstellung des Abendbrotes unterbrochen wird, welch letzteres von unserer Batterieküche in bekannter Güte hergestellt worden ist. Nach Beendigung desselben widmet sich die Corona wie meist, dem löblichen Tun der Vertilgung der so [4] schädlichen Masse Korn, von der große Mengen der allgemeinen Verbreitung entzogen wurden. Und siehe da, wir bleiben nicht auf die Dauer allein unter uns männlichen Männern, mitnichten: Es erscheint die Marjell der benachbarten Försterei, wird zur Tafel gezogen mit Schokolade erquickt. Ihr Hündchen lädt als Gegengabe einige Flöhe ab. Der Batteriehund erbietet sich höchst uneigennützig dazu, dem vorhandenen Geburtenrückgang abzuhelfen, soweit [das] in seinen Kräften liegt, was der joviale Häuptling mit den Worten unterstützt: „Nun macht, dass Ihr ins Bett kommt. Kind[347] und Marjell entfernen sich, doch kehrt das Kind bald mit der Nachricht zurück, die Lampe müsse erst gebracht werden. Auch dies geschieht, doch vergeblich; das Kind kehrt bald unverrichteter Dinge zurück, legt sich auf das von den Flöhen requirierte Kanapee und bald ist in der Stube nur noch unser vereintes harmonisches Schmatzen zu hören.

---

347 Schreibfehler: muss wohl „Hund" heißen.

Bericht aus der Kölnischen Zeitung

HP [Hauptmann Pulkowski]: Auf einem Kirchturm im Osten.

Einen lebendigen Ausschnitt aus der Tätigkeit unserer schweren Artillerie auf dem östlichen Kriegsschauplatz bietet der nachfolgende Auszug aus dem Feldbriefe eines Artilleriehauptmanns, der uns zum Abdruck überlassen wird.

Heute übernahm ich persönlich die Beobachtung vom Kirchturm von St.[348] Von den Russen wurde sehr scharf aufgepasst und jede Bewegung sofort bemerkt. Man hatte mir den Auftrag erteilt, den Ziegelschornstein von D. umzuschießen, da dieser von den Russen als Beobachtungsposten eingerichtet sein sollte. Nach kurzer Zeit erzielte meine Batterie zwei Volltreffer, die große Löcher in den Schornstein rissen, aber umgefallen war er hierdurch noch nicht. Während ich noch beobachtete, erschienen mehrere Infanteristen auf dem Turm, die Verschiedenes über Ziele usw. wissen wollten. Ziemlich unzweideutig beförderte ich sie hinüber [hinunter] und sagte ihnen noch: „Ich bin sicher, dass Sie bald den Erfolg Ihres Hiererscheinens merken werden!" Richtig: Es dauerte auch keine zwei Minuten, da kommen schon die ersten russischen Schrapnells in den Turm geflogen und bald darauf schweres Feuer nach der Kirche. Was blieb mir übrig? Ich musste vorläufig den Turm räumen, blieb aber mit meinem Fernsprecher in einer Ecke außerhalb der Kirche stehen und wartete ab. Da sauste mit einem Krach das erste Feldgeschoss in die Kirchentür hinein.

Nach etwa 20 bis 30 Minuten stellten die Russen das Feuer nach der Kirche ein. Ich hieß nun meinen Fernsprecher unten auf mich warten und versuchte mein Heil nochmals auf dem Turm. Ich nahm mir jetzt eine erkannte russische Artillerielinie bei D. vor. Man konnte nur die Feuer- und Raucherscheinungen der Geschütze sehen und sie einigermaßen mit einem dahinter liegenden Dorf in Verbindung bringen. Leider dauerte das Vergnügen der Beobachtung nicht lange. Obgleich ich mich vorsichtig in die äußerste Ecke des Turms gedrückt hatte, muss man meine wenigen Bewegungen doch drüben gesehen haben. Das feindliche Feuer nach der Kirche begann von neuem. Da die Schüsse immer näher kamen, musste ich meinen Posten wieder verlassen. Noch beim Hinuntergehen traf ein Schuss die Kirche und beförderte mich mit lautem Getöse und einer Ladung Schutt auf den Kopf hinaus. Wieder verhielt ich mich abwartend außerhalb der

---

348   Ortsnamen mussten in dem Zeitungsbericht abgekürzt werden, um die eigenen Stellungen nicht preiszugeben. St = Stara Iwiczna, D = Dombrowka.

Kirche, aber dieses Mal dauerte das feindliche Feuer länger. Als die Russen endlich das Schießen nach der Kirche einstellten, versuchte ich mein Glück zum dritten Male.

Als ich noch beobachtete, sah ich zwei Schüsse unmittelbar bei meiner Batterie unten einschlagen. Ich fürchtete schon das Schlimmste für meine Braven. Da bekam ich durch Fernsprecher die Nachricht hinauf, es habe [sei] noch mal gutgegangen. – Nachfolgend schilderte mir Leutnant W. die Wirkung der russischen Treffer bei der Batterie.

Inzwischen standen wir von früh 7 – 1 Uhr ununterbrochen im Feuer, als der Befehl kam, ich sollte nochmals den Schornstein unter Feuer nehmen, da man deutlich Beobachtungsscharten erkannt haben wollte. Meiner Meinung nach waren es die von meiner Batterie hineingeschossenen Löcher. Das war ja aber gleichgültig, hatte ich doch die Hoffnung ihn noch umschießen zu können. Als Gegenleistung nahmen sich die Russen aber leider wieder meine Kirche vor und dieses Mal tüchtig. Ein Hagel von Geschossen prasselte nieder und ich musste zum vierten Male meinen schönen Beobachtungsposten verlassen und in den stillen Winkel hinter der Kirche kriechen. Eben schlüpfte ich vorsichtig aus meiner Turmecke und steige hinunter, da reißt eine schwere Granate die ganze Ecke fort, wo ich gerade vorher noch gestanden hatte! Meine Hoffnung dort oben noch mal beobachten zu können, war für die nächste Zeit völlig vorbei. Ich ließ deshalb die Fernsprecher einzeln vorsichtig fortgehen. Als der letzte Mann sein Seitengewehr aufnehmen wollte, das vor der Kirche als Erdleitung verwendet worden war, erhielt er als Begrüßung sofort russisches Schrapnell. Unheimlich gut beobachten die Kerle.

In der Batterie hatte man die Wirkung der Schüsse nach dem Turm beobachtet, und eben kam man heran, um sich nach mir umzusehen. Bei normalem Ackerboden ist aber die Wirkung der schweren Granaten äußerst gering, wie man an nachfolgendem Erlebnis ersehen kann. Das Geschoss krepiert mit viel Lärm und Getöse, wirft eine Unmenge Erde in die Höhe und reißt ein tiefes Loch von etwa zwei Meter im Umkreis. Wer in der Nähe steht, wird dann durch den Druck höchstens umgeworfen. Über einen Volltreffer in der Batterie möchte ich dann Folgendes anfügen:

Schon früh am Morgen fingen russische Mörser wieder an, uns mit ihren großen Vögeln zu belästigen. Die auf der Kirche eingerichtete Beobachtungsstelle wurde ebenfalls reichlich mit diesen Geschossen bedacht, wozu sich noch Schrapnells gesellten. Mit unglaublicher Freude wurde von den Kanonieren jede Detonation begrüßt – lagen doch alle Schüsse zu kurz oder zu weit.

Doch da kamen sie auch einmal näher, die Russen streuten also auch hinter die Kirche. Ununterbrochen krachte indessen Schuss auf Schuss als Antwort aus unserer Batterie. Da – wieder das bekannte Heulen, ein lauter Krach – eine Granate war kurz vor der 4. Batterie eingeschlagen. „Wenn doch mal so'n Dings in die Nähe käme", sagte der Geschützführer vom ersten Geschütz, „das Loch möchte ich gerne sehen." – „Erstes Geschütz Feuer!", ertönt das Kommando des Zugführers. Die Bedienung stand in Deckung hinter den Wagen. Da plötzlich ein furchtbarer Krach, ein Ruck am linken Munitionswagen, ein Knäuel durcheinanderpurzelnder Menschen – Finsternis! Als sich der hochgewirbelte Erdboden wieder gesenkt hatte, war das erste Gefühl: Hurra, wir leben noch! Lautes fröhliches Lachen schallte aus der ganzen Batterie. Wir erhoben uns vom Boden und sahen uns die Bescherung an. Eine Granate hatte an den unteren Teil der Brustwehr vom ersten Geschütz geschlagen und den ganzen vorderen Teil weggerissen. Durch den Druck war der Munitionswagen zurückgeworfen worden und wir alle, die dahinter standen, durcheinandergepurzelt. Der Batterieoffizier und der Zugführer, die hinter dem Stand waren, hatten sich auf den Bauch geworfen und erhoben sich auch wieder unversehrt. Ebenso ein Zahlmeister, der mitsamt seinem Gaul den Bauchfall mitgemacht hatte. Allerlei Verwünschungen und Drohungen mit dem Richtbaum wegen der eingerissenen Brustwehr und der notwendig gewordenen Reinigung des Geschützes folgten dem Lachen. Unbeirrt aber arbeiteten unsere tüchtigen Kanoniere weiter, denn ihre Meinung war: „Die Kerle können dennoch nicht schießen! Das war nur ein Richtfehler."

Feldpostbrief vom 6.10.1916[349]

Mein liebes Frauchen!

Heue morgen ist der Stab abgelöst u. wir wurden vorläufig nach Sedan eben aus-
quartiert. Da die Schlacht von Sedan schon geschlagen ist, werden wir wohl noch
eine andere schlagen müssen. Heute Abend bin ich in Combrai. Hoffe A… zu
treffen. Ich möchte doch einmal hören, ob wir wenigstens einige Tage Ruhe haben u. damit Urlaub für kurze Zeit zu haben ist. Wir wollen wieder das Beste
hoffen. Augenblicklich sind wir jedenfalls froh für Tage aus dem Druck heraus
zu sein. Bald ausführlicher. Sei Du u. die Jungens ewig lieb umarmt von Deinem
Mann. Adresse schreibe ich später

---

[349] In die erste Kladde ist zu den Berichten zu den Ereignissen der Ostfront auch dieser Feld-
      postbrief von der Westfront gerutscht.

Pulkowskisches Verfahren

Wie den Tagebucheinträgen von Erich Pulkowski zu entnehmen ist, erzielte er bereits in den Monaten, an denen er 1914 am Ostfeldzug beteiligt ist, mit seiner Batterie eine hohe Trefferquote – und er war sichtlich stolz darauf. Sein Interesse, die Schießgenauigkeit der Geschütze zu verbessern, Fehlschüsse in die eigenen Linien zu vermeiden und das Einschießen hinter die Front zu verlegen, führte zur Entwicklung von Schießtabellen, dem „Pulkowskischen Verfahren". Herfried Münkler fasst in seinem Buch „Der große Krieg. Die Welt 1914 – 1918." von 2013 zusammen:

„Bei der neuen Artillerietaktik wurden die Geschütze auf weit hinter der Front liegenden Schießplätzen eingeschossen und erst unmittelbar vor dem Angriff in Position gebracht, anstatt dem Gegner durch langes Trommelfeuer auf seine Stellungen den Ort der Offensive anzukündigen. Zwar hatten auch die Briten dieses Vorgehen im November 1917 während der Flandernschlacht angewandt, die Deutschen aber konnten die Flugbahnen der Granaten unter Berücksichtigung der jeweiligen Wind- und Witterungsverhältnisse nach einer von Hauptmann Erich Pulkowski entwickelten Methode präziser berechnen. Ihre Geschütze hatten bei Feuer nach Karte und Tabelle daher eine deutlich höhere Treffsicherheit."[350]

Die Erfindung des neuen Schießverfahrens reklamierten schon kurz nach seiner Einführung auch andere für sich und störten sich an dessen Bezeichnung als „Pulkowskisches Verfahren". Im Folgenden sollen einige Stimmen zu Erichs Schießverfahren zu Wort kommen. Eine ausführliche Beschreibung und Würdigung dazu findet sich in Georg Bruchmüllers Veröffentlichung „Die deutsche Artillerie in den Durchbruchschlachten des Weltkrieges" von 1922.[351] Daraus kann nur auszugsweise zitiert werden.

Erich Ludendorff: Meine Kriegserinnerungen 1914 – 1918.
Kap. VII.: Die Vorbereitungen für den Angriff im Westen 1918.

„Auch ein Einschießen, wie wir es früher hatten, war nicht möglich; die Aufmerksamkeit des Feindes wäre erregt und der Artilleriekampf vor der Schlacht in einer für uns ungünstigen Lage entfesselt worden.

---

[350] Berlin 2013, S. 687.
[351] Berlin 1922, S. 90 – 103.

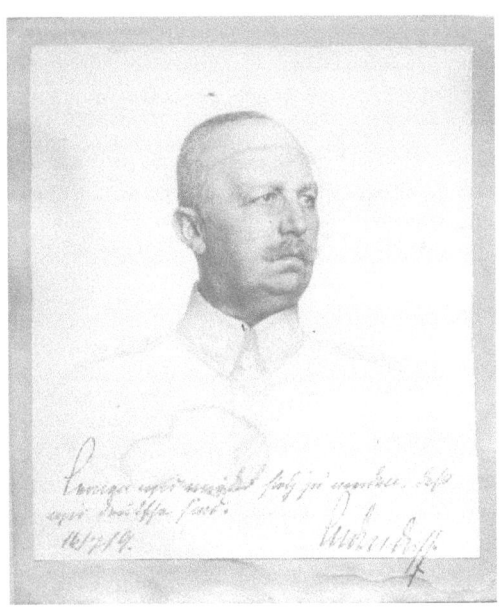

„Lernen wir wieder stolz zu werden, dass wir Deutsche sind."
16.7.19. – Ludendorff

Es musste daher ein Verfahren gefunden werden, das diesen Verhältnissen Rechnung trug und der Artillerie ohne vorheriges Einschießen ausgiebige Wirkung sicherte. Wir hatten schon in den Abwehrschlachten uns bemüht, das fortwährende Nachprüfen der Lage des Sperrfeuers entbehrlich zu machen. Die Tageseinflüsse (Wind, Luftgewicht) sowie die besonderen Einflüsse der Geschütze (Größe der Verbrennungsräume und sonstiger Zustand von Rohr und Lafette) wurde dauernd ermittelt und beim Schießen verwertet. Dieses Verfahren bauten wir jetzt auf das sorgfältigste aus. Der artilleristische Wetterdienst wurde einheitlich im Verein mit dem Kommandierenden General der Luftstreitkräfte geregelt. Allen Batterien konnten so schnellstens die Tageseinflüsse zugehen. Sämtliche Geschütze erschossen hinter der Front ihre besonderen Einflüsse. So war es möglich, mit Hilfe einfacher Tabellen für jedes Geschütz jederzeit zu ermitteln, wieviel Mehr- oder Minderbedarf es gegenüber der normalen Erhöhung für ein beliebiges Ziel bedurfte. Voraussetzung war natürlich hierfür, dass die Entfernungen zu den Zielen einwandfrei gemessen wurden. Fehlerfreies Planmaterial sowie trigonometrische und topographische Festlegung aller Batterie-Nullpunkte im Gelände und eine möglichst richtige Eintragung aller Ziele in die Pläne auf Grund der Bilderkundung und der Ergebnisse der Schall- und Lichtmesstrupps waren Vorbedingung. Alles war eine gewaltige Arbeit. Das neue Verfahren stieß namentlich bei alten Artilleristen auf starken Widerspruch. Trotzdem musste es angewendet werden und hat sich voll bewährt.

Die Ausbildung und Belehrung der Truppen für das Verfahren war in die Hände des Hauptmanns Pulkowski gelegt, der seine Aufgabe mit großem Eifer und Geschick gelöst hat."[352]

Georg Bruchmüller: Die deutsche Artillerie in den Durchbruchschlachten des Weltkrieges.

Das Pulkowskische Verfahren

„Die wichtigste Neuerung bei unseren Angriffen im Jahre 1918 war zweifellos der gänzliche Verzicht auf das Einschießen, also ein Wirkungsschießen lediglich auf Grund von Berechnungen. Ohne diese Maßnahme hätten die Angriffe die erzielten Erfolge sicher nicht gehabt. Das Verfahren wurde im Heere allgemein >das Pulkowskische< genannt.

Dem Verfahren lag der Gedanke zugrunde, dass sich jedes Einschießen erübrigt, wenn die kartenmäßige Entfernung >Batterie – Ziel< bekannt ist und die Tages- sowie die besonderen Einflüsse in Rechnung gestellt werden.

Seine charakteristischen Merkmale waren daher:

Genaue Bestimmung der kartenmäßigen Lage von Batterie und Ziel.

Unsere Batteriestellungen wurden auf das gewissenhafteste trigonometrisch und topographisch festgelegt, die feindlichen Batterien genau vermessen, die Infanteriestellungen, wo angängig, auch vermessen, sonst peinlichst genau aus Fliegerbildern ermittelt. Diese Maßnahmen bildeten die Grundlagen für das Verfahren; sie waren daher von ganz besonderer Bedeutung.

Berücksichtigung der Tageseinflüsse rufen Veränderungen in der Flugbahnanlage hervor. Die für die kartenmäßige Entfernung in der Schusstafel angegebene Erhöhung und Seite ist nur bei einem bestimmten Luftgewicht und Windstille zutreffend. Auf die Gründe brauche ich wohl nicht näher einzugehen.

Es wurden daher Tafeln für die Berücksichtigung der Tageseinflüsse entworfen und errechnet. Aus diesen Tafeln konnte der durch Luftgewicht und Wind (Tageseinflüsse) bedingte Unterschied in der Erhöhung und Seitenrichtung gegenüber der zum Beschießen eines Zieles bei dem der Schusstafel zugrunde liegenden Luftgewicht und Windstille erforderlichen Erhöhung und Seitenrichtung ermittelt werden."[353]

---

[352] Ludendorff a. a. O., S. 164.
[353] Bruchmüller a. a. O., S. 92f.

Ernst Kabisch: Streitfragen des Weltkrieges 1914 – 1918.[354]

„Die feindlichen Reserven vor der deutschen 2. und 18. Armee sind [am 21. März 1918, der Frühjahrsoffensive an der Westfront] sehr schwach; man glaubt aber [auf französischer und englischer Seite], im Angriffsfall Zeit zu haben, sie heranzuführen, da nach Ansicht der Alliierten ein ernster Angriff erst nach mehrtägiger Artillerievorbereitung möglich war.

[…]

Und wie soll man auf den Gedanken eines ganz neuen (…) Schießverfahrens kommen, dessen Kühnheit beispiellos ist? Denn es ist eine beispiellose Kühnheit, sich für einen entscheidenden Waffengang, für den Angriff dreier Armeen loszulösen von jahrhundertelanger Übung! Wohl nie hat ein Feldherr der Wissenschaft ein größeres Vertrauen bewiesen, als damals die deutsche O. H.-L. [Oberste Heeresleitung] dem Oberst Bruchmüller und dem Hauptmann Pulkowski.“

Paul Cölestin Ettighoffer: Moskau, Compiègne, Versailles: Erlebnisse eines deutschen Nachrichtenoffiziers.[355]

„Vielen erscheint das *Pulkowskische Verfahren* fast wie Hexerei, aber es ist weiter nichts als ein mathematisches Meisterstück, wie es nur ein begnadeter Kopf ersinnen und errechnen konnte. *Eine Überraschung sondergleichen ermöglicht* dieses Verfahren, denn jetzt wird der Feind nicht mehr feststellen können, auf welcher Front und in welchem Abschnitt es bald losgeht. Man stelle sich vor, bisher hat sich jede größere Aktion tagelang vorher durch das Einschießen vieler neuer Batterien verraten. Auch der britische Vorstoß bei Cambrai wurde mit jenem tagelangen unregelmäßigen Streufeuer eingeleitet, das jeder Frontsoldat genau als Einschießverfahren neuer, soeben in Stellung gegangener Batterien erkannte.“

Hans-Hermann Kritzinger; Friedrich Stuhlmann (Hrsg.): Artillerie und Ballistik in Stichworten.[356]

„Pulkowskisches Verfahren ist eine während des letzten Abschnittes des Krieges 1914 – 18 bei der Truppe hin und wieder gebrauchte Bezeichnung für die rechnerische Ausschaltung der Tageseinflüsse beim Schießen der Artillerie. Wenn

---

354 Stuttgart 1924, S. 250.
355 Gütersloh 1936, S. 71.
356 Berlin 1939, S. 242.

auch Exz. Ludendorff Pulkowskis Tätigkeit in seinen „Erinnerungen" anerkennend erwähnt, so ist historisch-sachlich gesehen nicht unbeachtet zu lassen, was im amtlichen Teil von Technik und Wehrmacht 14 104 (1921), K. Becker dazu sagt: „Trotzdem muss eine gerechte Beurteilung des Hauptmanns Pulkowski das allzu günstige Urteil vieler Stellen über ihn etwas abdämpfen. Bei der ganzen Bearbeitung der Tageseinflussfragen lag die technische Leitung und die wissenschaftliche Weiterentwicklung ausschließlich bei der A. P. K. [Artillerieprüfungskommission]. Hauptmann Pulkowski war lediglich der allerdings sehr rührige und erfolgreiche Propagandachef des Unternehmens. So sind die namentlich von der Schule in Maubeuge verbreiteten Ausdrücke wie ‚Pulkowski-Verfahren, Pulkowski-Tafeln' und andere gänzlich unberechtigt."

Gerhard Groß: Das Ende des Ersten Weltkriegs und die Dolchstoßlegende.[357]

„Den Gegner überraschen konnte das deutsche Heer jedoch nur, wenn die Artillerie unerwartet und ohne tagelanges Einschießen den Feuerschlag eröffnete. Ohne Einschießen war die Trefferwahrscheinlichkeit der Artillerie aber gering, was im Angriff sogar die eigene Truppe gefährdete. Hauptmann Erich Pulkowski löste dieses Dilemma, indem er das >Pulkowskische Verfahren< entwickelte, mit dem sich Tageseinflüsse (wie z. B. Windgeschwindigkeit und Temperatur) rechnerisch ausschalten ließen: Nachdem nur einige Geschütze im Hinterland der Front eingeschossen waren, konnten die anderen Geschütze anhand von erstellten Schießtabellen mit hoher Wahrscheinlichkeit jedes aufgeklärte Ziel bekämpfen. Damit war die Voraussetzung für einen überraschenden Angriff gegeben."

Artillerie-Schule Idar-Oberstein.

Auszug aus einem Brief von Oberst Schaeffer, Kommandeur der Artillerieschule Idar-Oberstein, vom 24.6.1958 zum 80. Geburtstag von Erich Pulkowski:
„Wir sind uns noch heute bewusst, was Sie, Herr Pulkowski, für unsere geliebte Artillerie geleistet haben, sind Sie doch ein Wegbereiter für unsere neuesten Schießverfahren und haben Sie uns die Grundlagen geschaffen, auf denen wir heute noch aufbauen können. Dafür sei Ihnen heute von den >Jüngern der schwarzen Kunst< nochmals aufrichtig gedankt."

---

[357] Stuttgart 2018, S. 47.

Großes Heeresquartier – Wilhelm II. –Mai 1818
Dem Hauptmann Pulkowski für seine besonderen Leistungen
das Schießen der Artillerie im Felde betreffend

Biographie Erich Pulkowski

Wilhelm Erich Pulkowski wurde am 1.7.1878 in Potsdam geboren. Nach dem Besuch der Hauptkadettenanstalt Lichterfelde kam er 1898 als Selektaner-Leutnant zum Fußartillerieregiment 7 nach Köln.[358] 1891 wechselte er als Leutnant nach Mainz zum Fußartillerie-Regiment General-Feldzeugmeister (Brandenburgisches) Nr. 3. – 1897 wurde er dort zum Oberleutnant befördert. Er veröffentlichte 1901 eine „Kurzgefasste Geschichte" dieses Regiments.[359]

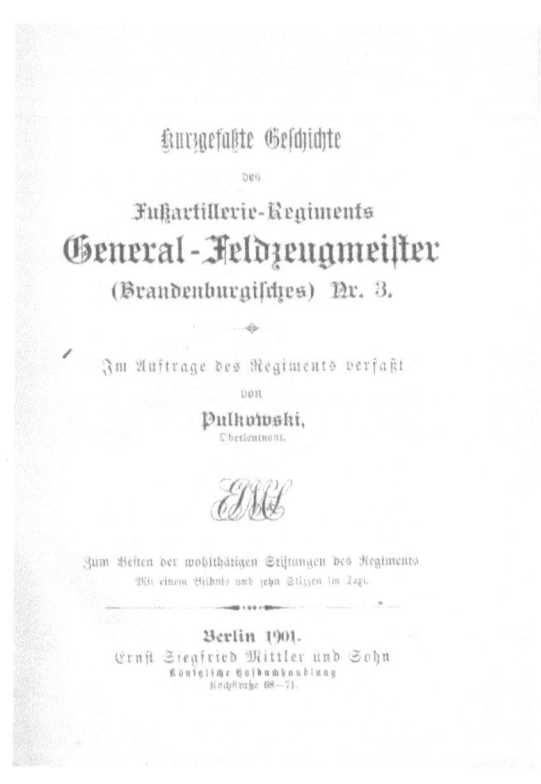

---

[358] Besonders befähigte Kadetten konnten anstelle des Fähnrichjahrs zur Selekta zugelassen werden; diese ersetzte die Kriegsschule und galt als Vorbereitungszeit zu Kriegsakademie und Generalstab. Die Selekta schloss mit der Offiziersprüfung ab; der Selektaner trat als Leutnant zur Truppe über.

[359] Kurzgefasste Geschichte des Fußartillerie Regiments General Feldzeugmeister (Brandenburgisches) Nr. 3. Berlin 1901 und 1914.

Am 2.2.1907 heiratete er in Köln Auguste Nierhaus. Bei Ausbruch des 1. Weltkriegs 1914 war er Kommandant der Festung Thorn (Westpreußen) und nahm als Hauptmann der Artillerie am Ostfeldzug gegen Russland teil. Nach seiner Verwundung am 10. Dezember 1914 wurde er – wieder genesen – an die Fußartillerieschießschule Jüterbog versetzt.

Erich Pulkowski als Major

Nach dem 1. Weltkrieg schied er 1919 als Major aus dem Heeresdienst aus. Er wurde Mitarbeiter bei einer Bank und betreute junge Unternehmungsgründungen. Bei der Spielwarenfabrik Carl Josef Bollig & Co in Lechenich bei Köln brachte er anschließend seinen „Pulko-Patent-Baukasten" heraus. Aus einem Bausatz von kannelierten Rundstäben und vorgefertigten Wandteilen, Fenstern, Türen, Torbögen etc. aus Sperrholz ließen sich ganze Wohnlandschaften erstellen.

Bei Ausbruch des 2. Weltkriegs zog ihn die Wehrmacht als Stabsoffizier der Artillerie zur 1. Armee ein. Hier bereitete er den Durchbruch durch die Maginot-Linie im Frühjahr 1940 vor. Er wechselte dann an die Vorschriftstelle der Artillerieschule Jüterbog. Es war dort seine Aufgabe, die Methoden des unbeobachteten Einschießens zu verbessern. Seiner Verdienste wegen wurde er zum Oberst befördert. Er schied nach Ende des Kriegs 1945 aus dem Militärdienst aus und kehrte nachhause (Schliersee, Oberbayern.) zurück. Er starb dort am 28.12.1963.

Er war Herausgeber des ursprünglich von seinem Vater Friedrich Heinrich Pulkowski[360] veröffentlichten „Leitfadens für den Unterricht der Kanoniere und Fahrer der Fußartillerie", den er neu bearbeitete.[361] Die Publikation erschien in mehreren Auflagen im Berliner Verlag Eisenschmidt.

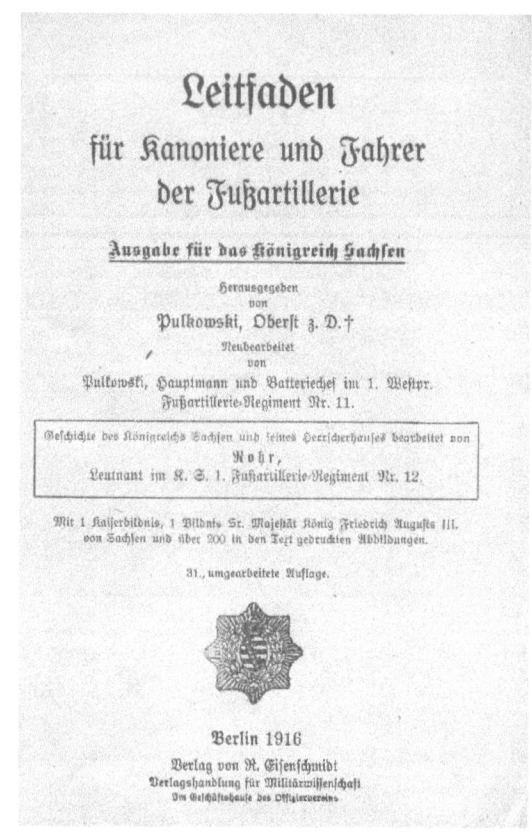

---

360 Zu Friedrich Heinrich siehe: Pulkowski, Horst: Im Netz der schönen Französin? Briefwechsel aus den Kriegsjahren 1870/71 im Kontext der Zeit. Würzburg 2018.
361 Leitfaden für den Unterricht der Kanoniere und Fahrer der Fußartillerie. Berlin (11. verb. Auflage) 1897.

Ortsregister

Die von Erich Pulkowski in seinen Aufzeichnungen genannten vielen ost- und westpreußischen, polnischen und russischen Ortsnamen sind für einen Leser, der die jeweiligen Einsatzorte nachvollziehen will, äußerst verwirrend. Um eine geographische Zuordnung zu erleichtern, werden sie – nach Feldzügen getrennt – in alphabetischer Reihenfolge aufgeführt.

Kämpfe bei Gumbinnen

Allenberg: bei Wehlau.
Allenburg (russ. Druschba): Verwaltungsbezirk [Vbz.] Kaliningrad.
Allenstein (pol. Olsztyn).
Augstupönen (russ. Kalininskoje): Vbz. Kaliningrad.

Bartenstein (pol. Bartozyce).
Bielany (dt. Weißhof): 1906 in den Stadtkreis Thorn eingegliedert.
Bischofsburg (pol. Biskupiek): bei Allenstein.
Bischofstein (pol. Bisztynek): bei Allenstein.
Bokellen (russ. Frunsenskoje): bei Draskinehlen; Vbz. Kaliningrad.
Budweitschen (pol. Budwiecie): Kreis Goldap.
Bülow: Fort Bülow (pol. Czarnecki-Fort): bei Thorn.

Dietrichswalde (russ. Gietrzwald): bei Allenstein; Vbz. Kaliningrad.
Draskinehlen (russ.Wolodarowka): Dorf im Amtsbezirk Jodlauken; Vbz. Kaliningrad.
Drutschlauken (russ. Dubrowka): Kreis Insterburg; Vbz. Kaliningrad.
Gertschen: Kreis Gumbinnen; Vbz. Kaliningrad.
Gerwischkehmen (russ. Schaworonkowo): Kreis Gumbinnen; Vbz. Kaliningrad.
Groß Baitschen (russ. Podgorowka): bei Gumbinnen; Vbz. Kaliningrad.
Groß Engelau (russ. Demjanowka): lag bei Allenburg; Vbz. Kaliningrad.
Groß Wilken: bei Gumbinnen.
Gulbien (pol. Gulp).
Gumbinnen (russ. Gussew): Vbz. Kaliningrad.

Heinrichsdorf (russ. Roswnoje): Kreis Bartenstein; Vbz. Kaliningrad.
Hermsdorf (russ. Pogranitschny): Vbz. Kaliningrad.

Ilmsdorf (russ. Nowa-Bobruisk): Vbz. Kaliningrad.
Insterburg (russ. Tschernjachowsk): Vbz. Kaliningrad.
Jodzuhnen: lag im Kreis Gumbinnen.
Jonasthal (russ. Ochtinskoje): Kreis Gumbinnen; Vbz. Kaliningrad.
Judtschen (russ. Wessjolowka): Vbz. Kaliningrad.
Jurgaitschen: bei Gawaiten.

Kallnen: lag bei Gumbinnen.
Kallner Berge: bei Gumbinnen.
Kiaulkehmen (russ. Dunajewka): lag bei Gumbinnen; Vbz. Kaliningrad.
Kieselkehmen/Kieselheim (russ. Konstantinowka): Kreis Gumbinnen.
Klein Dumbeln (russ. Karpowka): Vbz. Kaliningrad.
Klein Engelau (russ. Demjanowka): bei Allenburg; Vbz. Kaliningrad.
Klein Kallwischken: lag bei Sodehnen.
Krauleidschen/Krauleidszen (russ. Kolchosnoje); Vbz. Kaliningrad.

Marienthal: lag im Kreis Gumbinnen.
Muldszen (russ. Perewalowo): Vbz. Kaliningrad.

Nemmersdorf: bei Gumbinnen.
Nestonkehmen (pol. Lipowo): Kreis Gumbinnen.
Nimmerfried: Kreis Insterburg.

Ortelsburg (pol. Szczytno).

Plicken: Gutsbezirk im Kreis Gumbinnen.

Sodehnen (russ. Krasnojarskoje): Vbz. Kaliningrad.
Szallgirren (russ. Sadowoje): Vbz. Kaliningrad.
Szirgupönen (russ. Dalneje): lag bei Gumbinnen; Vbz. Kaliningrad.

Thorn-Mocker (pol. Torun Wschodni).

Wehlau (russ. Snamensk): Vbz. Kaliningrad.
Wordommen (russ. Wordomy): Vbz. Kaliningrad.
Zlotterie (pol. Zlatoria): Landkreis Thorn.

Einkreisungsschlacht bei Tannenberg
Schlacht an den Masurischen Seen.

Allenstein (pol. Olsztyn).
Andinischken (pol. Andiniski).
Angerburg (pol. Wegorzewo): nördl. Lötzen.

Benkheim (pol. Banie Mazurskie): westl. Goldap.
Bischofsburg (pol. Biskupiek).
Bischofstein (pol. Bisztynek).
Brosowkenberg (pol. Brzozowska Gora): südl. Angerburg.
Burdungen (pol. Burdag): Kreis Neidenburg.

Charlottenhof (pol. Dziaduszyn): südwestl. Ogonken.

Daniellen (pol. Kowale Oletzkie): nördl. Marggrabowa.
Dimmern (pol. Dymer): Kreis Ortelsburg.

Erben (pol. Orzyny): Kreis Ortelsburg.
Eydtkuhnen (russ. Tschernyschewskoje): Vbz. Kaliningrad.

Gawaiten (russ. Gawrilowo): Kreis Goldap; Vbz. Kaliningrad.
Gerdauen (russ. Schelesnodoroschny): Vbz. Kaliningrad.
Gleisgarben/Jagotschen (pol. Jagoczany): westl. Goldap.
Griesen (pol. Gryzy): Kreis Oletzko.
Gronden (pol. Grady Wegorzewskie): südwestl. Angerburg.
Groß Purden (pol. Pura): Kreis Allenstein.
Groß Schöndammerau (pol. Trelkowo): Kreis Ortelsburg.

Haarzen (pol. Hartz): südl. Angerburg.
Hohenstein (pol. Olsztynek).

Imionken: Gutsbezirk 2,5 km nordöstl. von Lötzen.
Ittowen (pol. Witowo): Kreis Neidenburg.

Janellen: nördl. von Benkheim.

Kallenczin (pol. Kaleczyn): Kreis Ortelsburg.
Karlsberg (pol. Sapieniec): Kreis Angerburg.

Kekitten (pol. Kikity).
Kirschlainen (pol. Kierzliny): Kreis Allenstein.
Klein Strengeln (pol. Stregielek): Kreis Angerburg.
Kleszewen (pol. Kleszczewo): Kreis Lötzen.
Königshöhe (pol. Uzranki): Kreis Sensburg.
Lautern (pol. Lutry).
Lauternsee (pol. Jezioro Luterskie).
Lötzen (pol. Gizycko).
Ludwigsmühle (pol. Mlynczysko): lag am Teistimmer See.

Marggrabowa (pol. Olecko).
Matzkutschen (russ. Malo-Nekrassowo): Kreis Stallupönen; Vbz.Kaliningrad.
Masuchowken (pol. Mazuchowka): südöstl. Lötzen.
Meldienen: Kreis Goldap.
Mittel Jodupp (pol. Czarnowo Srednie): nordöstl. Goldap.

Nareythen (pol. Narejty): Kreis Ortelsburg.
Neidenburg (pol. Nidzica).
Neuhof (pol. Nowy Dwór): Kreis Neidenburg.

Ogonken (pol. Ogonki): Kreis Angerburg.
Ortelsburg (pol. Szczytno).

Petrelskehmen (pol. Pietraszki): östl. Goldap.
Pietzarken (pol. Pieczarki).
Popiollen (pol. Popiollen): südwestl. Angerburg.
Posessern (pol. Pozezdrze).
Przytullen (pol. Przytuly): Kreis Angerburg.

Raschung (pol. Raszag).
Rastenburg (pol. Ketrzyn).
Rhein (pol. Ryn): südl. Rastenburg.
Rheinwein (pol. Ransk): Kreis Ortelsburg.
Ribben (pol. Rybno): Kreis Sensburg.
Rogahlen (pol. Rogale): bei Benkheim.
Rominter Heide (russ. Krasny Les, pol. Puszcza Rominka).
Rosoggen (pol. Rozogi): Kreis Sensburg.
Rumy: südl. Bischofsburg.

Scheufelsburg/Scheufelsdorf (pol. Tylkowo): am Kalbensee (pol. Jezioro Kalwa).

Schwirgstein (pol. Dzwiersztyny): Kreis Ortelsburg.

Sensburg (pol. Mragowo).

Sorquitten (pol. Sorkwity).

Spiergsten (pol. Spytkowo): bei Lötzen.

Stallupönen (russ. Nesterow); Vbz. Kaliningrad.

Stasswinnen (pol. Staswiny): nordöstl. Lötzen.

Tannenheim: südl. Spiergsten.

Teistimmer See (pol. Jezioro Tejstymy).

Voigtsdorfer Berge: bei Kekitten.

Wartenburg (pol. Barczewo).

Wehlau (russ. Snamensk): Vbz. Kaliningrad.

Widdigsberg: lag bei Kekitten.

Wiesental (pol. Przerwanki).

Vormarsch gegen die Weichsel
Schlacht Lodz

Bialobrzegi: 30 km nördl. Radom.

Belsk Dusy: 5 km südw. Grojec.

Blendow (pol. Bledow).

Bobrowiek: nördl. Gloskow und Golkow.

Bogatki: 5 km südwestl. Jazgarzew.

Borki: 3 km südl. Leczyca.

Borowno: 20 km nördl. Tschenstochau.

Bugatti: 3,5 km südöstl. Pjotrkow.

Chruslice: 8 km westl. Radom.

Czarnow: 12 km östl. Golkow.

Doleck: 3 km nordöstl. Stara Rawa.

Gloskow: 3 km westl. Jazgarzew, südwestl. Warschau.

Gluchow: 8 km westl. Rawa Mazowiecka.
Golkow: 20 km südl. Warschau.
Gorzkowice: 75 km südl. Lodz.
Grojetz (pol. Grojec): 40 km südl. Warschau.

Iwiczna Nowa: heute südl. Stadtteil in Warschau.
Iwiczna Stara: heute südl. Stadtteil in Warschau.

Jazgarzew: 8 km südl. Piaseczno.
Jedlno (pol. Jedlno k Radomsko): 15 km westl. Radomsko.
Jeziorna: südwestl. Warschau.
Jozefow (pol. Guzowski): 2 km südl. Klodawa.

Kazimerzow: 300 m östl. Zglinna Mala.
Klein Borek (pol. Borki Male).
Klein Lassowitz (pol. Olesno Slaskie).
Klodawa: 20 km östl. Kolo.
Konskie: 60 km südwestl. Radom.
Krosniewice: 20 km östl. Klodawa.
Kruplin: 18 km westl. Radomsko.
Kutno: 80 km nördl. Lodz.
Kwasowieck: 10 km nördl. Rawa Mazowiecka.

Labno: 3 km östl. Wygorzele.
Leczyca (Leczyca Topola): 40 km nördl. Lodz.
Lubochnia: 12 km nordöstl. Tomaszow Mazowiecki.
Lobodno: 18 km nördl. Tschenstochau.

Malecz: 26 km südwestl. Rawa Mazowiecka.
Milochniewice: nordöstl. Gluchow.
Mirowice: Gemeinde Grojec.

Neuhausen: Gutsbezirk Szemborowno, Vbz. Königsberg.
Nowo Radomsk (pol. Radomsko): 40 km östl. Tschenstochau.
Nowy Dwór: 3 km südl. Stara Rawa.
Nowy Kadlubek: Vbz. Radom.

Opozdew: 20 km südöstl. Grojec.
Orezna: heute Straßenname in Warschau.
Ostalow: 15 km östl. Klodawa.

Piaseczno: heute südlicher Stadtrand von Warschau.

Pjotrkow (pol. Pjotrkow Trybunalski): 50 km südl. Lodz, 16 km südwestl. Wolborz.

Predocinek: südl. Ortsrand von Radom.

Przedborz: 30 km östl. Radomsko.

Rawa Mazowiecka: 55 km östl. Lodz.

Radom: 100 km südl. Warschau.

Rgielew: 3 km südöstl. Klodawa.

Rogow: heute östl. Vorort von Konskie.

Rosenberg (pol. Olesno).

Ruski Brod: nordöstl. Konskie.

Rzedkow: 8 km westl. Stara Rawa.

Schoffschütz (pol. Sowczyce): bei Olesno (dt. Rosenberg).

Slawno: 8 km westl. Radom.

Sompolno: 100 km nordwestl. Lodz.

Stara Rawa: 10 km nördl. Rawa Mazowiecka.

Stobiecko Szlacheckie: nordwestl. Radomsko.

Strazkowek: 4 km südl. Klodawa.

Strzalkowo: 18 km östl. Wreschen (pol. Wrzesnia), östl. Posen.

Szczepocice: 40 km östl. Tschenstochau, heute Ortsteil von Radomsko.

Wilczkowice (pol. Wilczkowice Dolne): 3 km westl. Leczyca.

Wilkow: 10 km nordöstl. Golkow.

Wilkowice: 10 km nordwestl. Rawa Mazowiecka.

Wolborz: 15 km westl.Tomaszow Mazowiecki.

Wozniki: südwestl. am Rand von Radom.

Wygorzele: 15 km südöstl. Klodawa.

Zapolice: Gut, 30 km östl. Radomsko.

Zawodne: 11 km südwestl. Jazgarzew.

Zgierz: 11 km nördl. Lodz.

Zglinna Mala: 4 km westl. Stara Rawa.

Zurawia (pol. Zurawka): 75 km östl. Lodz.

Literatur

Asmuss, Burkhard; Wichmann, Manfred: Schlacht von Gumbinnen. Deutsches Historisches Museum Berlin. (https://www.dhm.de/lemo/kapitel/erster-weltkrieg/kriegsverlauf/gumbinnen-1914.html, [19.01.2019])

Artillerieschule Idar-Oberstein: Publikation zur Geschichte der Artillerie und der Artillerieschule. München 1958.

Bruchmüller, Georg: Die deutsche Artillerie in den Durchbruchschlachten des Weltkrieges. Berlin 1922.

Groß, Gerhard: Das Ende des Ersten Weltkriegs und die Dolchstoßlegende. Stuttgart 2018.

Hoffmann, Max: Tannenberg wie es wirklich war. Berlin 1926.

Ettighoffer, Paul Cölestin: Moskau, Compiègne, Versailles: Erlebnisse eines deutschen Nachrichtenoffiziers. Gütersloh 1936.

Engel, Eduard: Tagebuch 1914. Würzburg 1914.

Kabisch, Ernst: Streitfragen des Weltkrieges 1914 – 1918. Stuttgart 1924.

Kossert, Andreas: Kampf um Ostpreußen: Der Mythos von Tannenberg. In: Die ZEIT Nr. 2. August 2014.

Krieger, Bogdan: Mobilmachung und Aufmarsch. 2. Kriegsbilderheft. Berlin o. J.

Kritzinger, Hans-Hermann; Stuhlmann, Friedrich (Hrsg.): Artillerie und Ballistik in Stichworten. Berlin 1939.

Ludendorff, Erich: Meine Kriegserinnerungen 1914 – 1918. Berlin 1919.

Münkler, Herfried: Der große Krieg. Die Welt 1914 – 1918. Berlin 2013.

Pulkowski, Erich: Kurzgefasste Geschichte des Fußartillerie-Regiments General-Feldzeugmeister (Brandenburgisches) Nr. 3. Berlin 1901 und 1914.

Pulkowski, Friedrich Heinrich: Leitfaden für Kanoniere und Fahrer der Fußartillerie. Neubearbeitung durch Erich Pulkowski. Berlin 1916 und öfter.

Pulkowski, Horst: Im Netz der schönen Französin? Briefwechsel aus den Kriegsjahren 1870/71 im Kontext der Zeit. Würzburg 2018.

Rüthers, Monika: Ostjüdische Vielfalt in einer multikulturellen Umgebung. In: OWEP 3/2008.

Schäfer, Theobald v.: Tannenberg. Berlin 1927.

Schwarte, Max: Der Weltkampf um Ehre und Recht. Der deutsche Landkrieg. Erster Teil. Leipzig 1921.

Venohr, Wolfgang: Ludendorff. Legende und Wirklichkeit. Berlin, Frankfurt/Main 1993.

Wulffen, Gustav v.: Die Schlacht bei Lodz. Oldenburg 1918

Alle Abbildungen von Personen sind dem Pulkowskischen Familienalbum entnommen.